Качели: фрагменты и точки ис   **оссии**

Владимир Усков
Ксения Ускова

Качели: фрагменты и точки истории государственного управления России

Почему? Что делать?

LAP LAMBERT Academic Publishing

Impressum / **Выходные данные**

Bibliografische Information der Deutschen Nationalbibliothek: Die Deutsche Nationalbibliothek verzeichnet diese Publikation in der Deutschen Nationalbibliografie; detaillierte bibliografische Daten sind im Internet über http://dnb.d-nb.de abrufbar.

Alle in diesem Buch genannten Marken und Produktnamen unterliegen warenzeichen-, marken- oder patentrechtlichem Schutz bzw. sind Warenzeichen oder eingetragene Warenzeichen der jeweiligen Inhaber. Die Wiedergabe von Marken, Produktnamen, Gebrauchsnamen, Handelsnamen, Warenbezeichnungen u.s.w. in diesem Werk berechtigt auch ohne besondere Kennzeichnung nicht zu der Annahme, dass solche Namen im Sinne der Warenzeichen- und Markenschutzgesetzgebung als frei zu betrachten wären und daher von jedermann benutzt werden dürften.

Библиографическая информация, изданная Немецкой Национальной Библиотекой. Немецкая Национальная Библиотека включает данную публикацию в Немецкий Книжный Каталог; с подробными библиографическими данными можно ознакомиться в Интернете по адресу http://dnb.d-nb.de.

Любые названия марок и брендов, упомянутые в этой книге, принадлежат торговой марке, бренду или запатентованы и являются брендами соответствующих правообладателей. Использование названий брендов, названий товаров, торговых марок, описаний товаров, общих имён, и т.д. даже без точного упоминания в этой работе не является основанием того, что данные названия можно считать незарегистрированными под каким-либо брендом и не защищены законом о брендах и их можно использовать всем без ограничений.

Coverbild / Изображение на обложке предоставлено: www.ingimage.com

Verlag / Издатель:
LAP LAMBERT Academic Publishing
ist ein Imprint der / является торговой маркой
AV Akademikerverlag GmbH & Co. KG
Heinrich-Böcking-Str. 6-8, 66121 Saarbrücken, Deutschland / Германия
Email / электронная почта: info@lap-publishing.com

Herstellung: siehe letzte Seite /
Напечатано: см. последнюю страницу
ISBN: 978-3-659-24683-8

Оглавление

От авторов 3

«Насилие на Руси – есть созидательная сила…»? 7

Дворяне – служилое Государево сословие 11

Уроки 1825 – 1826 годов: кризис системы госуправления в Российской Империи... 16

Предпосылки Крестьянской реформы 1861 года.................................. 18

Оптимализация системы государственного управления Российской Империи в Эпоху Великих реформ... 28

Трансформация Госконтроля в России 60-70 г.г. XIX в. 37

Историософия коррупции - некоторые российские аспекты................ 42

Чрезвычайная следственная комиссия (март – октябрь 1917 года): встреча двух миров – старое и новое 53

Образовательный уровень правящих элит России: закат Империи, Первое Временное правительство и Первый Совет Народных Комиссаров 58

Управление без подготовки. Советская Россия начала 20-х годов XX века 72

Первоначальное накопление на социалистическую индустриализацию в СССР – 1925 - 1928 годы: региональный аспект.. 79

Российская государственная служба: опыт и современность 89

От авторов

Уважаемый читатель, Вашему вниманию предлагается сборник статей аргументирующих гипотезу авторов по проблемам содержания, сути и хода развития системы государственного управления в Московском Русском царстве, Российской Империи и СССР.

Для названия сборника мы выбрали такие семантические образы, которые позволяют нам раскрыть некоторые значимые особенности исследуемого процесса. Образ - «Качели» позволяет абстрагироваться от сложности тех объектов, где происходят историко-политические события. Опираясь на теорию Н.Д. Кондратьева о Больших и Малых повышательных и Больших и Малых понижательных циклах, концентрировать внимание на тех фрагментах процесса истории государственного управления России, которые отвечают трём требованиям. Первое - мы концентрируем внимание на неосвещённых исторических фрагментах; второе - мы концентрируем внимание на таких фрагментах, которые получили идеологически ангажированное освещение; третье - мы концентрируем внимание на персоналиях, при этом стремимся рассмотреть персону - как фокус исторического процесса.

Рассматривая «точки амплитуды», мы выбираем такие из этих точек, где явно присутствовали варианты бифуркации. Обращая внимание на выбор, который сделало государство-общество Россия, мы констатируем, что это был, как правило, выбор вариантов, которые вели к негативному результату. Выбранные варианты эволюционного или революционного пути развития, хотя и несли мощный позитив, но в процессе реализации, отбрасывали государство-общество Россия вспять в их развитии. Это ставит перед нами два наиболее продуктивных вопроса научного исследования: «Почему?» и «Чего не делать?» Мы считаем, что продолжение исследований в данном направлении позволит продвинуться в поиске ответа на эти значимые вопросы.

Авторы исходят из того, что процессы развития системы управления государством Россия на разных этапах его истории имели в своём основании аналогичные закономерности, которые проявляются и в современной Российской Федерации. История показывает, что Народ для Российского государства выступал всегда как средство достижения целей. Парадоксом нашей истории является то, что Народ, в большинстве своём, научился этим гордиться. Высокохудожественным и ярким примером этого являются слова песни из популярного и сейчас художественного фильма «Белорусский вокзал» (вышел на экраны СССР в 1975 году). Одна из героинь этого шедевра поёт: «Горит и кружится планета/ Над нашей Родиною дым/ А значит нам нужна, одна Победа/ Одна на всех/ Мы за ценой не постоим!». К сожалению, в российской исторической науке и до сего дня непопулярна и недостаточно изучена гипотеза о взаимосвязи неэффективного управления и цены этого неэффективного управления для объекта управления - Народ.

В предлагаемых Вашему вниманию статьях авторы предприняли попытку осмысления некоторых периодов и явлений в истории государственного управления в России – РФ, которые можно с достаточным основанием считать эталонными не только для современной РФ, но и для Мирового сообщества. В подобном духе высказывался в 60-е г.г. XIX века Великий Отто фон Бисмарк.

Статьи данного сборника затрагивают мало исследованные проблемы государственного управления России или пытаются рассмотреть достаточно изученные проблемы и процессы с историософских и просопографических позиций. Этим, на наш взгляд, достигается создание ещё одного ракурса видения исследуемых процессов. Оно несёт на себе субъективный отпечаток, но мы считаем, что из совокупности субъективных гипотез формируется приближение к объективному видению исторических процессов. Существенную роль в процессе формирования объективизированного видения процесса истории государственного управления в России играет исследование материалов регионального российского уровня, которому авторы уделили серьёзное внимание. Это связано с тем, что якобы незыблемый принцип российской системы государственного управления – Всё решает Первое лицо и Центр, не всегда срабатывает в процессе государственного управления в

России. Здесь явно сказывается фактор территориальной огромности объекта управления и слабые информационные и контрольные ресурсы власти в России. Свою негативную роль играет и стереотип российского государственного управления – государство может всё, народу следует безмолвствовать и вкушать даруемые государством плоды и блага.

Авторы исходят из того, что их опус будет интересен как профессионалам, так и любителям российской истории.

«Насилие на Руси – есть созидательная сила...»?

Конституция РФ (12.12.1993 г.) провозглашает РФ государством с либерально-демократическим устройством отношений в «треугольнике» государство – общество – личность. Данная юридическая норма, на первый взгляд «де-факто» противоречит современным реалиям и фактам истории российской государственности. Ретроспекция российской истории, её государственности, начиная от восстания Вадима 865 г. в Старой Ладоге, и по настоящее время свидетельствует о том, что насилие применяется как механизм государственного управления и реализации власти.

Российский Менталитет (нем. - умовидение), являясь по своей сути экзестенциальным: ИЛИ – ИЛИ (или насилие - или либерализм, или воля - или неволя), позволяет обратиться к проблеме применимости и значимости такого метода госуправления и реализации власти, как насилие в целях мобилизации и оптималазации деятельности властных структур, социумов и отдельной личности в России.

Рассмотрение этой проблемы начнём с декабрьского 1543 г. эпизода правления Ивана IV, в силу его (эпизода) показательности и конкретности. Тогда зарвавшийся и хмельной князь А. М. Шуйский оскорбил тринадцатилетнего Ивана IV - он язвительно и публично смеялся над ним, говоря о том, что Иван IV «...грозен, ну прямо как его дед – Иван III» Грозный и Великий. Малолетний и неуравновешенный Правитель приказал псарям затравить князя А. М. Шуйского, что они неукоснительно и сиюминутно исполнили. Во время этой казни никто из присутствующих бояр и простолюдинов не проявил ослушания[1]. Это был один из первых опытов в практике Царя Ивана IV, который позже, во времена Опричнины, позволил ему утверждать, что «насилие на Руси – есть созидательная сила...». На первом этапе правления Ивана IV Московским Русским царством (1547-1549 – 1560-

---

[1] Славянская энциклопедия. Киевская Русь – Московия. М., 2001, С. 463.

1565 г.г.) механизм насилия давал положительные результаты в процессе реформирования государства. Это подтверждается созданием системы законосовещательных органов при Царе (Избранная Рада, Земский Собор), постоянного войска, стройной системы институтов государственного управления (система Приказов), Второго Царёва Московского судебника 1550 г. На втором этапе (1565-1584 г.г.) массовое насилие по сути стало изначальной, глубинной причиной будущего кризиса российской государственности (1605-1613 г.г.) – «Смутного времени».

Пётр I Великий, искореняя глубинные и долговременные последствия «Смутного времени», размашисто использовал инструмент насилия. Оценивая эффективность его правления и приемлемость тех жертв, которые понесло население Российской Империи, А. С. Пушкин в «Медном всаднике» писал: «Не так ли ты, над самой бездной/ На крутизне, уздой железной/ Россию поднял на дыбы?». Здесь мы видим, что автор оценивает массовое насилие Петра I над всеми слоями российского общества (боярство, дворянство, крестьянство, посадское население, купечество, церковнослужители) и отдельными личностями, как процесс, дающий положительный результат. В этот исторический период насилие сыграло роль механизма, оптимализирующего государственный аппарат управления и систему крепостнического ведения хозяйства, которые позволили Российской Империи подняться в ряд самых мощных европейских (в то время - мировых) держав. Однако нельзя не видеть, что цена этого Скачка – 2 млн. человеческих жизней из 16-ти млн. населения Империи (для сравнения: из 193,4 млн. человек населения СССР в ходе ВОВ 1941-45 г.г. страна потеряла более 27,7 млн. чел.). Эти потери сравнимы: петровские реформы стоили 1/8 части населения Империи, Великая Победа 1941-45 г.г. – 1/7 части населения СССР.

«Просвещённый абсолютизм» положительно повлиял на методики применения насилия и сами институты насилия. Так Тайную канцелярию розыскных дел времён А. И. Ушакова нельзя сравнивать с этим институтом власти при А. И Шувалове. «Либерализация и гуманизация насилия» в период правления Петра III и Екатерины II подготовила «дней Александровых прекрасное начало». XIX век в истории государства Российского действительно был «золотым», что нашло своё выражение в создании и деятельности III отделения ЕИВ канцелярии. (В истории нашего отечества существует масса невыразительных и односторонних трафаретов – таковой господствует и в описании и оценке деятельности III отделения.) Осуществляя свои функции, секретной службы, обеспечивая государственную безопасность, III отделение добросовестно и эффективно исполняло стоящие перед ним задачи.

Создавая в июне 1826 года III тайное отделение, Николай I записал в указе, что это «нейтральный штаб по наблюдению за мнением общим и духом народным»[1]. Говоря современным языком, этот правоохранительный орган должен был анализировать общественное мнение и народные настроения в связи с внутренней и внешней политикой императора Николая I. Во главе этого органа был поставлен прибалтийский немецкий граф, генерал от кавалерии, герой Отечественной войны 1812-1815 г.г. (орден св. Георгия 3 степени) А. Х. Бенкендорф. Не чуждавшийся насилия, он был истинным аналитиком. Об этом свидетельствуют его доклады Императору Николаю I конца 30-х – нач. 40-х г.г. XIX века. В них он отмечал, что русское крестьянство, являясь основным представителем господствующей нации в империи, одновременно есть единственно крепостное сословие и оценивал его деятельность и законопослушность, как проявление высокого политического сознания. Там же он обращал внимание Императора на то, что крепостное право есть бомба замедленного действия под императорским престолом и считал необходимым отменить крепостное состояние российского крестьянства.

Следует подчеркнуть, что путём применения дозированного насилия Николаю I и «его служакам» удалось решить двуединую задачу: а) не допустить революционного взрыва, подобного событиям 14.12.1825 г. и б) подготовить будущего престолонаследника, государственный аппарат,

---

[1] Энциклопедия секретных служб Росси. М., 2004, С.36.

общественное мнение к предстоящей отмене крепостного права, а так же подготовить программу отмены крепостного права.

Смешение объективных и субъективных факторов российской истории в период правления Александра II (1855-1881 г.г.), круто замешанных на государственном и революционном насилии, привело к тому, что Российская империя втянулась в такую полосу взаимоотношений с обществом и личностью, когда взаимное насилие стало основным языком общения (управление и обратная связь) в «треугольнике – государство-общество-личность». Особо трагическое выражение эти взаимоотношения приобрели в период правления Николая II (1894-1917 г.г.). Трагизм усиливался сочетанием таких сущностей в личности императора, как «прекрасный человек и очень слабый государственник».

Слабые государственные качества Николая II проявились в том, что, будучи «Хозяином земли русской», он не смог эффективно использовать насилие против радикальных и революционных партий и допустил сползание государства и общества в революцию.

Советский период истории государства мы можем охарактеризовать, как период нецивилизованного, тоталитарного насилия на основе пролетарского чутья, революционной целесообразности под девизом «Если враг не сдаётся, то его уничтожают!». Одним из итогов этого периода насилия была селекция нового человека и новых общественно-государственных отношений, которые оказались нежизнестойкими.

Этот беглый обзор не касается государственного насилия, как основы внешней политики российского государства во все периоды его истории, впрочем, не следует забывать, что девиз государственной идеи Московской Руси конца XV-начала XVI в.в. «Москва – третий Рим. И четвёртому не бывать!» актуален и в настоящее время.

В заключении необходимо подчеркнуть, что институты и процесс применения насилия - есть объективные признаки современного государства. Либеральные и гуманистические основы – есть рамки применения и границы допущения насилия. Такая постановка проблемы предъявляет высокие требования как к уровню законопослушности личности и общества, так и к уровню правовой культуры и культуры применения насилия государством и персонифицирующим его в своих действиях государственным служащим всех уровней и видов государственной службы.

Источники и литература

1. Бакунин М. А. Государство и анархия. Избранные философские сочинения и письма М., 1987.
2. Ключевский В. О. Русская история (полный курс лекций). Ростов – на – Дону, 2000.
3. Макиавелли Н. Государь. С-Пб., 1997.
4. Пушкин А. С. Медный всадник. М., 1999.
5. Славянская энциклопедия. Киевская Русь – Московия. М., 2001.
6. Соловьёв С. М. История России с древнейших времён М., 1997.
7. Российское законодательство X-XX в.в. Т. 7 М., 1989.
8. Энциклопедия секретных служб Росси. М., 2004.

Дворяне – служилое Государево сословие

Дворянство, как привилегированное и правящие сословие в России, сформировалось и развивалось на почве службы князьям и государям России в конце XII-начале XX веков. Качественное состояние этого сословия – класса изменялось с развитием государства и государственной службы, правовой системы, повышением уровня образования и культуры. Основным родом занятий дворянства была служба Государю и Государству. События и факты Российской истории позволяют утверждать, что дворянство было прикреплено (крепко) к военной и гражданской государственной службе т. е., было одним из крепостных сословий на Руси.

Термин «дворянин» впервые встречается во Владимиро-Суздальских летописях под 29 июня 1174 года в связи с убийством князя Андрея Боголюбского (1157-1174). Летопись фиксирует, что Андрей принимал пришельцев из земель христианских и нехристианских. В числе последних находился яс (ясин - осетин) Анбал, который пришёл к Андрею во всём драном, был принят ключником и обрёл большую силу при дворе князя. Другой участник этого убийства – Ефрем Моизич (вероятно – выходец из Хазарии) так же был принят на княжескую службу, во двор. После того повествует летопись, как Кучковичи, Анбал, Моизич и ещё более полутора десятков заговорщиков совершили убийство, они испугались мести Владимирцев и «...вооружили многих дворян, приятелей, слуг и послали объявить владимирской дружине, или тамошним боярам о смерти великого князя...»[1]. Анализ приведенной цитаты на основе действовавшего в 1174 году свода законов «Русская Правда» позволяет сделать вывод о том, что «дворяне, приятели, слуги» - это холопы и челядинцы, служившие на дворе Великого Владимирского князя – Андрея Боголюбского.

Процесс формирования российской государственности по объективным и субъективным причинам сложился таким образом, что был неразрывно связан с возвышением Московского княжества и оформлением Московской системы государевой службы и управления, её «социального резервуара» - Московского дворянства. Деспотизм и жёсткое прикрепление дворян к службе были обязательными условиями службы Государю. При Европейских дворах и в Литовской Руси в эпоху Средневековья отношения между Правителем и подданными соответствовали девизу «Вассал моего вассала – не мой вассал». В это же время в Северо-Восточной, Московской Руси взаимоотношения между этими «общественными этажами» соответствовали девизу «Моего отца, да государя вотчина». Это обозначало, что Московский дворянин за службу Государю помещался на землю с сёлами (крестьянами) и мог пользоваться –

---

[1] Карамзин Н. М. История государства Российского. Т. 3, Калуга. 1993, С.295.

владеть ими, пока нёс службу своему Государю. Как только он становился «немочен» нести государеву службу, земля с сёлами забиралась.

В период правления Ивана III Великого и Грозного (1462-1505 г. г.) в сознании Великого Московского князя и Государя Всея Руси, а так же боярско-дворянского окружения происходит видимое замещение вотчинной идеологии на идеологию государственную. Для государевых слуг это выражалось в том, что они признавали за Иваном III право распоряжаться землями, перемещением и даже честью и жизнью дворянства. Подтверждение этому мы встречаем в Первом Московском Государевом судебнике (1497 года) и в летописях, описывающих заседания Боярской Думы конца XV века. Так в одном из заседаний Иван III в гневе бросает одному из бояр жестокие слова о том, что он – его раб и выгоняет с заседания Боярской Думы. Показательна реакция боярина и Боярской Думы – всё исполняется беспрекословно.

Иван IV Великий и Грозный (1547-1584 г. г.) на втором этапе своего правления в смертельной борьбе с боярством посредством опричнины формировал дворянскую служилую идеологию на крови тысяч жертв. Среди этих жертв были и сами дворяне, которые верой и правдой, душой и телом служили Царю. Выразительным подтверждением этому является судьба Ф. А. Басманова – фаворита Ивана IV.

В условиях кризиса российской государственности конца XVI – начала XVII веков российское дворянство, особенно провинциальное, сыграло роль охранителя государственности и восстановило самодержавие в Московском Русском царстве. В. О. Ключевский оценивает настроения дворянства в тот период - носители народного духа, а воссозданную самодержавность квалифицирует, как демократическую. Преодолев династический кризис, избрав на престол представителя династии Романовых, российское дворянство способствовало движению государства к Петровским реформам.

Создавая регулярное государство, Пётр Великий (1689-1725 г. г.) указом 1701 года о том, чтобы неслужилые «поместий отнюдь не имели», юридически закрепостил дворян к государевой службе. Указами 1714 года «О единонаследии» и 1718 года «О недорослях дворянских» усилил это прикрепление экономически и через ограничения возможности продолжать род и занимать достойное общественное положение тем «дворянским недорослям», которые не получили образования для несения службы «Государю и Государству». Поднимая «уздой железной» Россию в ряд великих европейских (мировых) держав, Пётр I оказал российскому дворянству великую историческую услугу – насильственно приобщил его к достижениям европейской науки, культуры и государственного политеса.

После кончины императора Петра I, в эпоху дворцовых переворотов (1725-1825 г. г.), дворянство, по В. О. Ключевскому, будет играть роль Земских соборов. Именно оно при каждом дворцовом перевороте будет низлагать и возводить на престол конкретных Романовых в строгом соответствии с духом указа 1722 года «О престолонаследии». Во весь этот период дворянство не изменит идее самодержавия, т. е. действует в соответствии с духом указа 1722 года «Табель о рангах» - служа государю и государству. Даже в ходе событий 14.12.1825 г. действия дворянства проникнуты духом самодержавия. Н. М. Муравьёв в своём проекте конституции видит Россию конституционной монархией. Руководители Северного общества декабристов, прибыв в казармы Московского гвардейского полка, поднимают его на выступление призывом: «За Константина и жену его – Конституцию!».

XIX век в истории России и российской государственности с полным основанием определяется, как золотой век. Золотая квалификация имеет отношение к российскому дворянству и высокому мировому уровню государственной службы и государственного управления в Российской империи. Подобный уровень госслужбы и управления персонифицировался в деятельности И.И. Бецкого, Г. Л. Канкрина, П. Д. Киселёва, М. М. Спиранского, Императора Николая I, Императора Александра II, Я. И. Ростовцева, братьев Д. А. и Н. А. Милютиных, В. А. Татаринова, П. А. Столыпина и сотен других выдающихся дворянских сынов Отечества. Избегая односторонней оценки роли дворянского сословия в XIX веке российской истории, отметим, что из его среды в то время вышли В. Ф. Адлерберг, К. П. Победоносцев, В. К. Плеве и многие другие, оставившие о себе не вполне добрую память.

На рубеже XIX-XX веков «служилое государево сословие» оказалось в трагической исторической ситуации. Оно служило государству и Государю, который в «Переписном листе» 1897 года в графе «Профессия» написал: «Хозяин Земли Русской», а во время доклада (1906 год) МВД и Председателя Совета министров Российской империи – П. А. Столыпина, отвечая на его настоятельное предложение удалить Распутина от двора под угрозой отставки докладчика и нескольких министров его правительства, отвечал, что ему лучше отставка нескольких министров, чем одна истерика жены. Отсутствие у последнего российского императора необходимых государственных качеств в условиях нарастания системного кризиса и сползания общества и государства в революционную бездну, многовековая традиция дворянства мифологизировать самодержца, присущая дворянству жертвенность не позволили ему позитивно преодолеть эту катастрофу.

Юридически дворянское сословие прекратило своё существование по Декрету ВЦИК и СНК Советской России от 10 (23) ноября 1917 года, отменившему сословие, чины и звания в новой России.

Источники и литература

1. Карамзин Н. М. История государства Российского. Т. 3, Калуга. 1993.
2. Костомаров Н. И. Русская история в жизнеописаниях её главнейших деятелей. Т. 1, Ростов-на-Дону. 1998.
3. Пчелов Е. В. Монархия России. М. 2005.
4. Российское законодательство. Т. 1, М. 1984.
5. Российское законодательство. Т. 2, М. 1985.
6. Соловьёв С. М. История России с древнейших времён. Т. 2, М. 1993.
7. Федорченко В. И. Дворянские роды, прославившие Отечество: Энциклопедия дворянских родов. Красноярск. 2004.

Уроки 1825 – 1826 годов: кризис системы госуправления в Российской Империи

События декабря 1825 года на Сенатской площади в Санкт-Петербурге оцениваются в советской и российской исторической литературе как революционный кризис. Выделяются позиции сторон, оцениваются их действия, анализируются ошибки. Это исследовательское направление достаточно продуктивное, но не единственное. Представляется, что данные события следует рассмотреть и с позиции проявления кризиса системы госуправления в рамках абсолютного самодержавного устройства Российской империи. В этом ракурсе следует выделить такие условия этого кризиса как закрытость системы госуправления, выразившуюся в «династической таинственности» - утаивании завещания Императора Александра I о передачи престола Николаю. Эта таинственность объяснима, Тестамент шел вразрез с духом указа Павла I, восстановившим вертикальный по нисходящей порядок престолонаследия в 1797 году. Обстоятельства перехода власти от одного представителя правящей династии к другому – среднему брату Константину, были не осуществимы, помеха морганатический брак последнего.

В этой кризисной ситуации заслуживает внимания политическая и управленческая линия поведения Императора Николая I. Она не может быть признанна безупречной, но решительность, политический динамизм и последовательность в ее реализации заслуживают внимания представителей научного и управленческого сообщества России. Следует отметить высокую социально – политическую реакцию главного управленца Империи. Особенно наглядно это проявилось в организации и деятельности Следственного комитета по делу декабристов, а так же в личном и продуктивном контроле Николая I за всем процессом деятельности комитета.

Анализируя процесс деятельности комитета можно увидеть, что Император корректировал линию следствия с учетом открывавшихся обстоятельств, общая тенденция корректировки в сторону сокращения количества привлеченных к следствию и осужденных. К делу было привлечено 549 человек, осуждено 121 человек, сослан на Кавказ, в действующую армию, 101 человек. Остальные отпущены Следственной комиссией, были и такие, которые не привлекались. Это объясняется тем, что открылось большое количество высокопоставленных сторонников декабристов и Император понял, что следствие по этим персонам покажет всему обществу глубину кризиса. Следственный комитет работал с 17 декабря 1825 по 17 июня 1826 года, были проведены сотни заседаний, Документы Комитета правились и исправлялись, менялось и видение этих событий Николаем I. Последующие решения и дела Императора показывают, он смог извлечь из этой катастрофичной ситуации продуктивные уроки.

Правитель определил два основных направления во внутренней политике. Первое – охранительное, в июне 1826 года создается III Отделение собственной ЕИВ канцелярии – «нейтральный штаб для изучения мнения общего и духа народного». Изучение ряда документов этого правоохранительного органа позволяет сделать вывод о том, что он обеспечивал социальную стабильность, в этой обстановке стало возможным приступить к реализации усилий во втором направлении.

Это направление – подготовка проектов будущих преобразований в политическом, экономическом, юридическом состоянии Империи. Для подготовки этих проектов задействованы граф П. Д. Киселев и граф Я.И.Ростовцев, которые подозревались, не безосновательно, в связях с декабристами. Были изучены программные документы Северного и Южного общества декабристов. В изучении прямо участвовал Николай I. Свидетельство этому встречаем у А.С.Пушкина, в описании приема, данного ему Императором 8 сентября 1826 года. На этом теоретическом наследии работали секретные комитеты и комиссии по Крестьянскому вопросу, деятельность которых постоянно контролировалась Императором.

Данная политическая стратегия оказалась продуктивной, но не сыграла роль панацеи от патологий Российского самодержавия.

Источники и литература

1. Славянская энциклопедия. Киевская Русь – Московия. М., 2001.

2. Соловьёв С. М. История России с древнейших времён М., 1997.

3. Российское законодательство X-XX в.в. Т. 7 М., 1989.

4. Эйдельман Н.Я. Из потаённой истории России XVIII-XIX веков. М.,1993.

5. Энциклопедия секретных служб Росси. М., 2004.

Предпосылки Крестьянской реформы 1861 года

Третий этап отмены крепостного права в Российской империи – Крестьянская реформа 19 февраля 1861 года имела глубокие и всесторонние предпосылки, образно говоря – Россия была беременна ею. Огромный блок предпосылок включал в себя: объективные и субъективные, внутренние и внешние, социальные, политические, экономические, военно-технические, геополитические и другие предпосылки.

Эта сложная конструкция предпосылок внимательно исследовалась историками, правоведами, экономистами, политологами и представителями других направлений науки на протяжении последующих полутора столетий. Итогом этого процесса были глубокие заключения и выводы. Однако, думается, что выводы делались в рамках традиционных стереотипов: основные предпосылки – объективные и к ним относили; экономические, социально – политические и обычно добавляли – внешнеполитические. Значимость этих предпосылок невозможно отрицать, одновременно следует учитывать, что в конкретно-исторических условиях России того времени все эти многосложные предпосылки преломлялись через сознание высших слоёв общества, периферийного дворянства и главных участников этого процесса – крепостных крестьян.

Учитывая специфику московской системы госуправления, которая сводится к тому, что это линейная система госуправления, в которой инициатива исходит сверху, а нижестоящие инстанции обязаны исполнять её неукоснительно. И с учётом того, что особенности индивидуального и социального мышления того (предреформенного) периода сводились к провиденциализму и патернализму мышления и бытия, представляется необходимым и актуальным сконцентрировать внимание на такой субъективной предпосылке как уровень и степень осознания необходимости проведения Крестьянской реформы различными слоями российского общества в первой половине XIX века.

Опираясь на текст Манифеста 19 февраля 1861 года, в котором говорится о высшем и среднем дворянстве, а так же о крепостном крестьянстве, представляется целесообразным вычленить образы и степень понимания необходимости отмены крепостного права российских крестьян представителями этих социумов. Было бы продуктивно рассмотреть эту субъективную предпосылку, которая не является мелочью, или является такой мелочью, которая и сегодня, в XXI веке, имеет решающее значение во всех и всяких процессах реформирования в РФ.

Понимание этой «аксиомы - постулатовны» сформулировал наш земляк, уроженец г. Чекбары, Липецкого уезда, Тамбовской губернии, Г. В. Плеханов. В своей монографии «К вопросу о роли личности в истории» в 1898 году он писал: «Характер личности становиться общественным фактором там, тогда и постольку, где, когда и поскольку этому способствуют общественные отношения». Этот вывод актуален для России, СССР и современной РФ. Применительно к исследуемому периоду истории Российской империи - это непреложная истина. Она подтверждается тем, что все реформы как прежде так и сегодня идут сверху.

История свидетельствует, что инициативы в госуправлении исходили от правящей элиты и по результатам её контактов с внешним миром, в то время - Европой. Подтверждением этому является «план» петровских преобразований, составленный Начальниками – Судьями Посольского приказа периода правления царя Алексея Михайловича – А.Л. Ордин-Нащёкиным и Ф.М. Ртищевым. Подобное мы видим в правление Елизаветы Петровны, Екатерины Второй и Александра I, которые являлись популяризаторами теории

19

«просвещенного абсолютизма». Суть этой теории неоднозначно воспринимается, но никто не отрицает, того что она призывает к дифференцированному подходу в определении социального статуса различных слоёв общества. Это различие предопределяет и степень их участия в процессе реформирования.

Крепостное право на Руси, в Русском царстве и в Российской империи есть историческая данность, которая не допускает сослагательности. Оно возникло в объективных условиях, было глубоко воспринято смердами-крестьянами, вотчинниками, помещиками и правящей государственной элитой. Крепостное право играло роль двигателя российской государственности, обеспечило лидирующее положение Российской Империи на мировой арене и было материальной базой «Золотого века» (кавычки носят условный, общепринятый, характер) русской культуры. Из этого не следует, что оно имело всевременной положительный характер. Здесь применима формула Ф.К. Энгельса о том, что – нет ничего вечно нового, всё новое когда-то устаревает и отрицается более новым, которое также устаревает и отрицается более новым, которое так же устаревает…

Одним из первых высказал мысль о необходимости отмены крепостного права для русских крестьян в видах повышения богатств государственной казны Ф.М. Ртищев. В 50-е годы XVII века он близко познакомился с хозяйственными основами жизни Польши и Швеции. Посол отметил, что польские и шведские селяне производят продукции больше и живут богаче потому, что их труд - свободный. Посол не обинуясь тем, что крепостное право на Руси только что (1649 год) закрепилось, рекомендует его отменить.

Правящие круги Российской Империи и столичная дворянская элита в условиях екатерининской эпохи укрепляются во мнении, что крепостная зависимость крестьян в империи – постыдное явление. И хотя этот круг узок, но он включал в свой состав членов императорской фамилии. Представители этого слоя проникаются идеей о необходимости отмены позорящего великую державу социально-политического и хозяйственно-экономического состояния.

С этим согласны Александр I, его Негласный комитет, этого добиваются и Декабристы. Именно совпадение целей этих антиподов, вероятно было одной из причин, по которой император произнесёт: «Не мне их карать», в ответ на донесение командующего Гвардейским корпусом И.В. Васильчикова о планах «сынов 812 года».

Анализируя третий этап отмены крепостного права в Российской Империи, приходишь к выводу, его следует квалифицировать как свертывание, но не отмену. Этот процесс растянулся по времени почти на шестьдесят лет – период царствования Александра I, Николая I, Александра II. Следует видеть, что в дворянской столичной элите сформировались два лагеря – революционный и охранительный. Представители второго придерживались действительных государственных позиций и поэтому пресекали всякие действия направленные на изменения политического строя насильственно. Позиции и деятельность представителей этой части нельзя признать идеальными, но они были более государственными и продуктивными.

Восшествие на престол Александра I, его указная деятельность, показывают – элита действительно стыдится своего звания крепостников. Это следует из сути и идей указов 1801 г., запрещавшего печатать объявления о продаже крепостных крестьян, указа 1802 г., запрещавшего продавать крепостных, разбивая их семьи. Стыдно-с господа и это не пустой звук. Стыдно и само по себе и, особенно, в сравнении с Европой.

В контексте рассматриваемых субъективных предпосылок показателен указ 20 февраля 1803 г. «О вольных хлебопашцах», базовая идея которого сводится к учёту уровня и степени осознания различными социумами империи вопроса необходимости освобождения крепостных на волю, с землёй, за выкуп, по взаимному согласию помещиков и крепостных крестьян. Этот реформаторский шаг показал действительные устремления правящей элиты и непопулярность этих устремлений, особенно в среде периферийного, поместного дворянства. Именно сопротивление этого многочисленного и многозначительного слоя российского общества, идейно оформленное Н.М. Карамзиным, А.А.

Аракчеевым. И.А. Крыловым и другими представителями более консервативной части правящей элиты и явилось причиной того, что реформаторские устремления Александра I были свёрнуты.

События 14 декабря 1825 года обнажили пропасть в идеях и методах революционной и охранительной частей элиты российского дворянства по вопросу об отмене крепостного права в империи.

Признавая деятельность Военно-следственной комиссии Николая I по «Делу 14 декабря 1825 г.» негуманной и не вполне рациональной, с точки зрения полного соблюдения государственных интересов, следует видеть, что она была по большому счёту перспективной. Это следует из тех конкретных действий, которые предпринял по её итогам Император.

Результаты работы Военно-следственной комиссии по делу 14 декабря 1825 г. выразились в создание III отделения Собственной ЕИВ канцелярии. В указе от 3 июля 1826 года о создании этого отделения было отмечено, что это «нейтральный штаб для наблюдения мнения общего и духа народного».

Анализ этого указа показывает, что термин «наблюдение» используется в контексте - изучение. Ш отделение будет скрупулёзно собирать данные и тщательно их изучать. Под «мнением общим» Николай I понимал мнение дворянства, «дух народный» – взгляды крестьянства. Начальник Ш отделения - А.Х. Бенкендорф и Управляющий делами - М.Я. фон Фок всесторонне и прилежно исследовали вопрос. Свои выводы в обобщённом виде они докладывали на заседаниях Госсовета Императору. А.Х. Бенкендорф особо выделял национальную составную этой проблемы. Он подчёркивал, что русское крестьянство, являясь представителем господствующей нации в империи – является единственно крепостным. Начальник III отделения отмечал безропотность, с которой русское крестьянство несёт этот «крест» и делал на этом основании вывод о его высокой политической сознательности.

М.Я. фон Фок особенно просил обратить внимание на то, что крестьянство – это тот класс, из которого «мы» рекрутируем армию – фундамент мощи Российской империи.

Мнение «нейтрального штаба» вполне определённо, в год своей смерти (1844), высказал А.Х. Бенкендорф: крепостное право – есть бомба замедленного действия под престолом Императора.

Ещё одним результатом субъективного свойства было поручение Николая I, данное в 1826 году, ряду крупных государственных деятелей империи – представить сочинение на тему «О народном воспитании». Эта задача была поставлена перед И.О. Виттом, Л.А. Перовским, Н.И. Гречем и А.С. Пушкиным.

Мнения авторов сходились в ряде пунктов: отменять крепостную зависимость крестьян – нужно, действовать постепенно – большую часть дворянства и само крестьянство необходимо подготовить к этой перемене, подготовка должна включать изменение стереотипов сознания у будущих акторов этого процесса. Здесь свою значимую роль должно сыграть образование народа, просвещение поместного дворянства империи и обучение государственных служащих новым методам управления.

Последнее негативно оценивалось А.С. Пушкиным, который утверждал, что «на Руси всё продажно» и поэтому профессора сделают себе из этой «затеи» промысел и будут пропускать через экзамены за деньги всех тех, кто не смог «объехать стороной» этот экзамен.

Проводя официальную охранительную внутреннюю политику Николай I санкционировал работу Секретных по крестьянскому вопросу комитетов и, сам по свидетельству А.С. Пушкина (1826-27 г.г.), по два с половиной часа в день занимался изучением документов, связанных с этой проблемой. Это привело к тому, что уже в начале 40-х г.г. XIX века Император приходит к заключению - крепостное право в современном его виде – есть зло для всех ощутительное, но трогать его сейчас было бы ещё большим злом! Здесь видим, что по оценке Николая I – общественное сознание не готово к историческим переменам.

Исходя из того, что общественное сознание в Российской империи есть зеркало, которое отражает мнение Императора, Николай I уделяет особое внимание воспитанию наследника престола – цесаревича Александра. Данный процесс был всесторонним и очень тщательным, он сочетал теорию и практику. Но особое внимание уделялось привитию будущему Императору высоких духовных качеств.

В этой связи показателен следующий эпизод. В 1828 году представлялся Николаю I посол Французской империи К.Л. Виктюрниан де Рошеншуар князь (принц) де Тоне-Шарант, стремясь найти опору пошатнувшемуся, после наполеоновского правления, престижу своей страны в великом Российском императоре (сегодня и в будущем) он просит его согласия на встречу с Цесаревичем Александром. Николай I уточняет программу этой встречи. Посол желает покатать десятилетнего Цесаревича на лодке по озерцу в Царском селе, при этом хотел бы грести сам. Император запрещает послу роль гребца и на удивлённый вопрос представителя Франции отвечает, что не хотел бы возбуждать в юноше тщеславия.

Параллельно с официальной охранительностью в царствование Николая I ведется активная деятельность секретных комиссий – комитетов по крестьянскому вопросу, историки насчитывают до десяти таких комиссий. Особенно значимой была работа комиссии графа, министра государственных имуществ, П.Д. Киселёва (1837- 41 г.г.). По сути это был широкомасштабный эксперимент по проведению будущей Крестьянской реформы, изменивший быт и жизнь около 2,5 млн. государственных крестьян. Показательно в этом процессе то, что эксперимент проводился на государственной, казённой собственности.

Болезнь Николая I и его смерть 18 февраля 1855года исследователи его царствования связывают с поражением России в Крымской войне 1853 – 1856 годов. В этот день Император, который чувствовал себя очень плохо, в беседе с наследником поясняя ему положения своего завещания, по-солдатски просто и с горьким чувством, он заключил – Сашка оставляю тебе команду не в добром порядке. Винился, что надо бы было отменить крепостное право, да не смог, видно придётся тебе. Учитывая, что семья Романовых была глубоко верующей и четвёртая заповедь - «Почетай родителей своих» для сына не была пустым звуком, мы можем видеть, что завещание отца станет программой будущего царствования Александра П.

Шесть лет завершающих работ по Крестьянской реформе при Александре II проходили под знаком мощного державного давления на всех акторов этой реформы. Особенно вязко реагировали на инициативу сверху – поместное дворянство, крепостное крестьянство и охранители из правящей элиты. Реакция поместного дворянства, правящих охранителей и крестьян объясняется традиционной для российского менталитета боязнью социально-политических перемен, которая зачастую в истории российского госуправления находит оправдание.

Сознание крепостных крестьян знатоками русской деревни того периода: В.В. Селиванов, А.Н. Энгельгардт, Н.Н. Златовратский, Г.И. Успенский описывают без упоминания прямого крестьянского требования – отменить крепостное право. Крестьяне ждали, что «Землю равнять будут!» и крепко ругали поместное дворянство за то, что оно «у земли ничего не может, только ножкой мерсикает», а от этого «земля в запустении и Государю, да казне убыток».

В этих условиях и уровнях сознания различных социумов российского общества Александру II и предстояло решать Крестьянский вопрос. Анализ документов предреформенного периода показывает, что целью Реформатора было – восстановить престиж Российской империи на международной арене как мирового лидера. Для этого необходимо было решить непростые задачи: инициировать желание участников будущей реформы провести её; взять крепостных и землю у помещиков, так дать землю и свободу крестьянам, чтобы не вызвать ни революции, ни контрреволюции, которые могли бы отбросить государство в мировые аутсайдеры; провести выкупные операции земли крестьянами у помещиков так, чтобы накопить в бюджете средства на модернизацию отсталой экономики Империи; стандартизировать процессы освобождении в эклектическом и асимметричном обществе – государстве (составные части Российской империи имели различный юридический статус, различались традиции, верования и отношение элит к власти «Белого царя»).

Эти задачи было невозможно решить в тех конкретно – исторических условиях без использования огромной мощи власти абсолютного монарха. Безусловно век XIX – не времена Ивана IV, когда работала формула: «Насилие на Руси, есть созидательная сила» и не времена Петра Великого, когда царь-реформатор положил за правило, что «на Руси любое дело, хотя и доброе без насилия статься не может!». Именно невозможностью прямого использования таких методов и объясняется структура и содержание Тронной речи Александра II (апрель 1856 года).

Император объясняет дворянам, что в ходе реформы их положение не ухудшится, подчеркивает, что условия жизни крестьян должны стать лучше. Основной мотив своей речи он иллюстрирует мыслью – Сам Я противник отмены крепостного права, но лучше Я отменю его сверху, чем дожидаться пока оно само собой отменится снизу!

В этих условиях перед Реформатором стоит задача – породить всенародную инициативу - желание и публичное обращение к нему с просьбой об отмене крепостного права. Здесь была необходима хорошо организованная «случайность». Она не заставила себя ждать. В октябре 1857 года к Императору с письмом от имени дворянства Виленской, Гродненской и Ковенской губерний обращается генерал – губернатор Северо – Западного края В.И. Назимов (друг детства Государя). Он просит от лица прибалтийского дворянства освободить крепостных крестьян и дать разъяснения по этому вопросу своим верноподданным. Опубликование этой инициативы пробудило национальную гордость великороссов, началось своего рода соревнование демонстраций верноподданнических чувств к Государю и его Инициативе.

Завершение процесса подготовки и подписание Манифеста об освобождении крепостных крестьян свидетельствует о том, что и на этом этапе субъективный фактор сыграл значимую роль. 28 января 1861 года состоялось заседание Госсовета на котором Александр II выслушал мнение управленческой элиты по проблеме освобождения крепостных крестьян. Большинство участников заседания высказались против подписания Манифеста, 8 положений и 9 приложений Крестьянской реформы. Заседание Госсовета по этой проблеме было перенесено на другое время, чтобы дать высшим управленцам Империи в спокойной обстановке ещё раз поразмыслить над необходимостью этого исторического шага. Следующее заседание по этой проблеме состоялось 19 февраля 1861 года. На нём позиция государя так же не получила необходимой поддержки, из пятидесяти членов Госсовета его поддержали пять. В этой ситуации Александр II проявляет свою абсолютную власть и подписывает Манифест и весь пакет документов.

Обнародование Манифеста происходит 5 марта 1861года, в воскресенье на широкую масленицу. На следующий день начинается Великий пост, когда всем верующим предписано полное послушание властям.

Оценивая процесс подготовки Крестьянской реформы следует видеть, что субъективный фактор играл в нём существенную роль. Эффективное использование позитивной составляющей субъективного фактора позволило провести самую успешную и подготовленную из управленческих реформ в истории госуправления России. При этом следует видеть, что её принципиальным недостатком - был объективный недостаток, недостаток времени, в которое Крестьянская реформа могла бы пустить глубокие социально – политические корни, да и приемники Царя – реформатора под давлением левых и правых не смогли удержаться на реформаторской траектории.

Литература

1. Письма из деревни. В.В. Селиванов, А.Н. Энгельгардт, Н.Н. Златовратский, Г.И. Успенский. М., 1986.
2. Российское законодательство X-XX в.в. Т. 7 М., 1989.
3. Эйдельман Н.Я. Из потаённой истории России XVIII-XIX веков. М.,1993.
4. Энциклопедия секретных служб Росси. М., 2004.

Оптимализация системы государственного управления Российской Империи в Эпоху Великих реформ

Под оптимизацией системы госуправления в нашей статье мы понимаем модернизацию этой системы с целью приведения её в состояние достаточно полного отражения и преодоления вызовов социально-политического и экономического характера, предопределивших системный кризис Российской империи во второй четверти XIX века.

Героизм и жертвенность народов Российской империи в войне 1812-1815 г.г. вознесли её на первое место в Священном Союзе 209 монархий Европы и всего мира. С этой высоты элита столичного дворянства и императоры Александр I, Николай I и Александр II ясно видели, что ресурсы крепостного права, как управленческого института, исчерпаны, дальнейшая эксплуатация этого института чревата революционным взрывом.

Стремление сохранить и преумножить авторитет империи на международной арене подвигает высших управленцев России начать процесс модернизации страны. Этот процесс растянется на 80 лет, к сожалению не получит логического развития и завершения, его кульминацией станут Великие Реформы Александра II, в 60-х - 70-х г.г. XIX века.

Основной составной Эпохи Великих Реформ (ЭВР) была Крестьянская реформа 19 февраля 1861 г. Для её реализации Императору Александру II и его сподвижникам были необходимы не только политическая воля, политический динамизм и компетентность, но и огромный капитал. Он требовался для решения задачи - «Взять у помещиков землю и крестьян, дать крестьянам землю и свободу без революции и контрреволюции». Роль катализатора процесса модернизации должны были выполнить - выкупные операции. В основу этих операций была положена привлекательная идея – компенсировать помещикам их «потери» финансовыми средствами в размере капитализированного оброка. Для обеспечения этих операций капиталом нужно было: а) привлечь иностранный капитал и б) изыскать внутренние ресурсы.

Для привлечения иностранного капитала быстро и в больших количествах Александр II решает в 1867 году продать Русскую Аляску Североамериканским соединённым штатам (США). Безусловно для проведения этой сделки были и другие причины, но рассмотрение этих причин выходит за рамки нашей статьи. Сделка даст казне Российской империи 7.2 млн. долларов или 11,4 рублей золотом. Это существенный капитал, но финансовый «Клондайк» в то время находился в России. А.К.Толстой в 1868 году точно, хотя и иронично отмечал: «Земля у нас обильна, порядка только нет».

Отсутствие порядка выражалось и в архаичной системе государственного управления Российской империей дореформенного периода. Крестьянская реформа проявила неэффективность финансовой системы и организации управления ею. Финансовая система Российской империи в то время находилась в перманентно критическом состоянии. Государственный Контроль (позже министерство Государственного контроля) империи, призванное управлять процессами расходования финансов и отчетностью, институционально не могло результативно этого делать. Механизм контроля казённых средств был таков, что министерства до 1863 года сами ревизовали свои расходы, а Государственный Контролёр лишь визировал их отчёты. К началу деятельности Министерства государственно контроля «Авгиевы конюшни» российских финансов выглядели следующим образом: в кассах Министерства финансов - 75 млн. руб., в кассах других министерств - 200 млн. руб. В Министерстве путей сообщений с 1843 г. не обревизовано 10 тыс. дел на сумму в 78 млн. руб., в Министерстве внутренних дел не обревизовано 13 тыс. дел[1].

Необходимость реформы Госконтроля была очевидна для властей предержащих. Император начал эту реформу с назначения на должность

---

[1] Березин И.Н. Русский энциклопедический словарь, Т. 2, С-Пб., 1877. С.472.

Министра Госконтроля Валериана Алексеевича Татаринова (1816-1871). С именем этого государственного деятеля связана трансформация Госконтроля в значимый, эффективно действующий управленческий институт, который дал государству огромные суммы на проведение Великих Реформ.

В. А. Татаринов - образец настоящего (компетентного, совестливого, преданного делу) бюрократа, одна из ключевых фигур ЭВР. Он имел университетское образование и достаточный опыт работы во II отделении Собственной Его Императорского Величества (ЕИВ) Канцелярии. Начало службы В. А. Татаринова во II отделении приходилось на 1842 год - время, когда там еще не изветрился дух его прежнего Начальника М. М. Сперанского. Вся последующая служба Татаринова указывает на то, что он был последовательным приемником и продолжателем дел М. М. Сперанского, в сильном и слабом их проявлении.

В 1855 -58 г.г. В. А. Татаринов выезжал по рекомендации Великого князя Константина Николаевича за границу для изучения опыта работы госконтроля в передовых европейских странах. По итогам своей командировки он написал ряд трудов: «Государственная отчетность в Пруссии», «Государственная отчетность во Франции», «Государственная отчетность в Австрии», «Государственная отчетность в Бельгии», «Хозяйство и отчетность военного министерства во Франции». Текущим результатом деятельности министра Татаринова было становление одной независимой ревизионной инстанции в Российской империи - Министерства Государственного Контроля, обладавшей правом предварительной и итоговой проверки отчетности всех министерств и ведомств.

Подготовленный Татариновым проект реформы Государственного контроля требовал, чтобы ведомства составляли стандартные сметы, в которых содержались бы не только перечни всех предполагаемых доходов и расходов, но и данные, необходимые для проверки. Сметы следующего года предлагалось рассматривать одновременно с последним финансовым отчетом. Запрещалось перебрасывать кредиты из одного раздела сметы в другой (внутри каждого из разделов такие переносы разрешались). Порядок принятия государственного бюджета изменялся для того, чтобы контрольные органы имели возможность отслеживать основные этапы перемещения денег внутри различных ведомств.

Нетрудно догадаться, что этот проект вызвал у чиновников «легкую панику». В первую очередь это было связано с тем, что резко сокращалось поле для манипуляции бюджетными средствами в личных и корпоративных интересах. Официальные оппоненты реформы утверждали, что для содержания армии контролеров потребуется слишком много денег. Против реформы выдвигались и политические аргументы, вроде того что при новом порядке министр оказывается ответственным перед государственным контролером, а не перед царем, то есть нарушается основной принцип монархического государства. Однако Александр II наложил на проект В.А. Татаринова такую резолюцию: «Прочел с большим вниманием и любопытством. Искренне благодарю действительного статского советника Татаринова за его добросовестный и основательный труд. Дай Бог, чтобы у нас сумели извлечь из него ожидаемую мною пользу»[1]. 18 февраля 1859 года Александр II утвердил основные принципы реформы бюджетного дела.

Император Александр II давно и надёжно усвоил формулу своего отца Николая I о том, что управляют государством чиновники. А Государственный контроль в тот период испытывал серьёзные кадровые проблемы, поэтому учреждению было разрешено ещё с 30-х г.г. XIX века содержать в Санкт-Петербургском коммерческом училище 5 воспитанников из детей чиновников и служителей контроля для приготовления их к службе по счетной части. Воспитанники обязывались прослужить в Государственном контроле 10 лет. Однако эта мера не имела реального значения: за 20 лет из училища было выпущено 16 воспитанников, из которых только 7 остались на службе в контрольном ведомстве.

---

[1] Чем занималось Министерство Государственного контроля. На европейский манер. // www.historia.ru

Весьма слабым был кадровый состав контрольных работников и в 1853 г. из 300 лиц, работавших в должностях начальников отделений, лишь 90 получили образование в каком-либо учебном заведении, из них только 25 человек имели высшее образование. Такой состав не мог быть авторитетным и гарантировать квалифицированную ревизию. Поэтому особое внимание в МГК уделялось повышению квалификации кадров. Министр ГК В.А.Татаринов исходил из того, что кадры должны готовиться практически, внутри Губернских контрольных палат, через должность счетных чиновников (начальная ступень) с причислением их по должности к IX классу - титулярный советник, в армии - капитан. Продвигать чиновников по службе следовало на основе того, что они: «... более других способны для дела и более усердны в исполнении возлагаемых на них обязанностей»[1].

В первый год после реформы (1864) контролерам, благодаря энергии Министра, удалось вернуть казне более 50 млн. рублей, однако российские чиновники быстро нашли выход из сложившейся ситуации. Лишившись возможности переводить средства из одного раздела сметы в другой, министры вскоре добились разрешения производить такие переводы при условии, что сумма не превышает 1000 рублей. А дальше уже не составляло особого труда разбить на части сколь угодно крупную сумму и распоряжаться ею по своему усмотрению.

Преславный человеческий фактор полностью преодолеть не удалось, но появилась возможность упорядочить и цивилизовать его проявление на государственной службе и в интересах общества.

Действия министерства ГК, в соответствии с характером и политической волей министра В. А. Татаринова, обрели решительный и оперативный характер. Уже в 1868 г. государственная роспись расходов и доходов (бюджет) была сведена без дефицита. Министр объединил раздельно существовавшие

---

[1] Государственный архив Тамбовской области (ГАТО), Фонд № 11, Д. 2. л.14.

кассы Минфина, МПС, МВД и других министерств и ведомств в одну при Министерстве финансов.

Документы МГК и Губернских контрольных палат показывают, что контролировалась финансовая деятельность государственных учреждений, земских учреждений и частных лиц. Для того, чтобы представить в общих чертах объём контрольной деятельности перечислим объекты контроля. МГК контролирует финансовую отчётность: Судов, Мировых судов, Полицейских управлений, Акцизного управления по фабрикам, МПС, Военного министерства, Банки, Управление почт и телеграфа, Лесной департамент, Казначейство, Ведомство Святейшего Синода, Департамент Таможенных сборов, Минюст, Мингосимуществ, Минфин, Общий отдел и Тюремное отделение МВД, Департамент госэкономии, Духовные консистории, Губернские статистические комитеты и многие другие государственные учреждения. Среди земских учреждений в поле зрения МГК: Земские училища, Попечительские о тюрьмах комитеты, Уездные распорядительские комитеты, Дворянская опека, Сиротские суды. МГК и Губернские Контрольные Палаты ревизуют финансовую деятельность: купцов, врачей, офицеров и землемеров на предмет расходования ими казённых средств[1].

Успешная деятельность МГК по оптимизации процесса управления финансами вызывала яростное сопротивление чиновников. Секретарь вел. кн. Константина Николаевича, министр Народного просвещения Российской империи в 1861 – 1866 годах и автор записок по совершенствованию системы государственного управления в Российской империи А. В. Головнин отмечал, что Министра ГК «… весьма не любили наши министры и вообще чиновники». Предложения В. А. Татаринова о сведении кассы империи и контроле за использованием средств - фактически лишали Министров возможности произвольно расходовать финансы. Это вызвало в 60е годы XIX века резкое

---

[1] Государственный архив Тамбовской области (ГАТО), Фонд № 11, Оп.4, д.д. 20,23,24,26,38,42,43.50.

сопротивление министров: Военного - генерала Сухозанета Н. О., Госимуществ - Муравьева М. Н., Путей сообщения - Чевкина К. В[1].

Министр В.А.Татаринов использовал в процессе реформирования структуры и деятельности Госконтроля положительный российский опыт. Он обратился к проекту организации Государственного контроля генерал-адъютанта графа П.Д. Киселева, который представил на Государственном Совете ещё в 1836 году особое мнение, в котором указал необходимость возвращения к ранее существовавшей документальной ревизии и образованию в губерниях местных контрольных учреждений. Государственный Совет, согласившись в принципе с П.Д. Киселевым, вместе с тем не счел возможным тогда перейти к новой системе документальной отчетности и новой структуре до тех пор, пока опыт не укажет путей к исправлению старой системы.

Эту инициативу графа П.Д. Киселёва начал внедрять в госуправление Министр ГК В.А. Татаринов в 1865 году. На губернском уровне структуры МГК создавались «с нуля». Современные исследователи этот уровень реформы Госконтроля обычно изучают на примере деятельности Санкт – Петербургской Контрольной палаты, которая контролировала финансовую деятельность гражданских правительственных учреждений в губернии и финансовую деятельность командования Санкт-Петербургского военного округа.

Богатый материал для исследователей проблем деятельности Губернских Контрольных органов содержит Государственный архив Тамбовской области (фонд 11). Его документы показывают, что в Тамбовской губернии 1 января 1866 г. открыла свою работу Тамбовская Контрольная Палата (ТКП). Она действовала автономно от губернаторской власти. Управляющему ТКП принадлежало исключительное право принятия и увольнения служащих Контрольной Палаты. ТКП была обязана предоставлять финансовый отчет о деятельности губернских учреждений в канцелярию МГК. Тамбовский губернатор контролировал благонадежность служащих ТКП, перемещал их по

---

[1] Головнин А. В. Записки для немногих. //ВИ №11,1997. С. 89.

службе, но обязательно докладывал об этом в Госконтроль. Ревизовать работу ТКП и представлять ее служащих к наградам губернатор не имел права[1].

В Циркуляре Тамбовской Контрольной Палате министр В.А. Татаринов так характеризовал дух и смысл службы чиновников этого учреждения: «...уверен, что все усилия их будут направлены к удержанию легкомысленных от увлечений и к устранению от служебной деятельности всякого вредного и противозаконного влияния»[2].

Тамбовская КП ревизует расходы на освещение присутственных мест, на строительство и содержание ретирадных мест общего пользования, на командировки за новобранцами офицеров и нижних чинов Тамбовского гарнизона. По Козловской почтовой конторе проверяется правильность израсходования – 10 копеек (1869 г.), по Конторе акцизных сборов ревизуется доход от акциза на спирт в 1881 году – в размере 2.259.817 рублей 28 копеек[3]. Анализ документов Фонда 11 Государственного архива Тамбовской области позволяют видеть, что финансовый контроль ведётся скрупулёзно, средства используются бережливо – здесь возможно применить формулу: «Богатство государства зависит не только от наличия огромных ресурсов, но и от умения их правильно и бережно расходовать».

По свидетельству современников независимого контроля Татаринова боялись во всех концах Империи. Тамбовская КП в 1866 – 1881 годах последовательно и скрупулёзно ревизует Приходные книги Полицейских уездных управлений Тамбовского, Моршанского, Кирсановского, Борисоглебского, Усманского, Лебедянского, Кадамского уездов. Проверяется финансовая отчётность, выявляются нарушения в расходовании средств и обеспечивается возвращение денег в казну Тюремным ведомством, Квартирной комиссией, Губернской посреднической комиссией, Ведомством Святейшего Синода, Горным департаментом, Министерством императорского двора,

---

[1] Государственный архив Тамбовской области (ГАТО), Фонд № 11, Д. 2, Л. 8.
[2] Там же, Д.2, Л.3.
[3] Там же, Оп.17, Д 18, л. 37.

Главным управлением Военно-учебных заведений, конторой МПС по Тамбовской губернии, Дирекцией Липецких минеральных вод, Ярмарочным комитетом и многими другими учреждениями, организациями и отдельными лицами.

В делах ТКП за 1876 год находится переписка с Контрольными Палатами: Оренбургской, Пензенской, Подольской, Омской, Гродненской, Лифляндской, Иркутской, Варшавской, Таврической, Казанской, Тифлисской, Могилевской, Вологодской, Тверской, Калужской, Пермской, Орловской, Московской, Енисейской, Ломжинской, Костромской, Новгородской[1]. Общее содержание этой переписки – представление образцов исполнительских документов, обмен опытом решения тех или иных проблем, ознакомление с механизмами контрольных действий, информационное обеспечение и поддержка смежников в решении переходящих из губернии в губернию.

Уже после смерти В. А. Татаринова в 1876 г. Госсовет дал такую высокую оценку его деятельности: «...больший сравнительно с прежним порядок в государственном хозяйстве, большая бережливость в употреблении денежных и имущественных средств государства, большее уважение к финансовым и хозяйственным законам стали положительно замечаться в последнее время и на проявление всех этих улучшений значительную долю влияния безусловно имеет более строгий и внимательный контрольный надзор»[2].

А. В. Головнин оценивал эти преобразования Госконтроля так: «Реформа Татаринова имела самые благодетельные последствия для наших финансов. Она перевела их из тьмы в свет...»[3]. Автор этой высокой оценки был реалистом и поэтому выделил некоторые слабости реформатора. В. А. Татаринов – человек и «... недостатки его состояли в мелочности, узости взглядов и незнании действительной жизни многих учреждений»[4]. Эта оценка содержит элементы характеристики человека и государственного деятеля, подобное

---

[1] Государственный архив Тамбовской области (ГАТО), Фонд № 11, Оп. 19, Д.2.
[2] Брокгауз Ф. А. и Ефрон И.А. Энциклопедический словарь. Т. 64, С-Пб., 1901. С.669.
[3] Головнин А. В. Записки для немногих. //ВИ №11,1997. С.90.
[4] Там же.

смешение затрудняет понимание значения фигуры реформатора. Одновременно такая оценка позволяет видеть более реальный, не отретушированный образ. Заметим, эти черты характера реформатора не снижали результатов и значения его реформаторской деятельности. Благодаря этой деятельности Российская империя получила прозрачный бюджет, наполненный средствами для последующей модернизации народного хозяйства и осуществления Великих реформ. В условиях Эпохи Великих Реформ, когда круто менялась судьба 22,5 млн. подданных Империи, трансформация Государственного Контроля дала положительный управленческий и социально-экономический результат. При этом следует видеть, что импульс этого преобразования был ограничен во времени и социально – политическом пространстве Российской империи, а следовательно необходимо было волевое усилие властей по продолжению этих преобразований.

Источники и литература
1. Березин И.Н. Русский энциклопедический словарь, Т. 2, С-Пб., 1877.
2. Брокгауз Ф. А. и Ефрон И.А. Энциклопедический словарь. Т. 64, С-Пб., 1901.
3. Головнин А. В. Записки для немногих. //ВИ №11,1997.
4. Государственный архив Тамбовской области (ГАТО), Фонд № 11.
5. Чем занималось Министерство Государственного контроля. На европейский манер. // www.historia.ru

Трансформация Госконтроля в России 60-70 г.г. XIX в.

Вступив на престол, Александр I был поставлен перед необходимостью решать две многозначительные внутригосударственные проблемы: начать подготовку к отмене крепостного права и подготовку конституционных преобразований в Империи. Для этого Император дал поручение Н. Н. Новосильцеву и М. М. Сперанскому подготовить проекты Конституций. В это же время Император начал министерскую реформу. В рамках этой реформы и происходило создание Госконтроля в России.

Этот орган должен был осуществлять управление финансовой сферой Империи. Посредством этого управления планировалось сконцентрировать внутренние ресурсы и обеспечить ведущее положение России на мировой арене.

Стремление сохранить и преумножить авторитет империи на международной арене подвигает высших управленцев России начать процесс модернизации страны. Этот процесс растянется на 80 лет, а его кульминацией станут Великие Реформы Александра II, в 60-х – 70-х г.г. XIX в.

Основной составной Эпохи Великих Реформ (ЭВР) была Крестьянская реформа 19 февраля 1861 г. Для её реализации Императору и его сподвижникам были необходимы не только политическая воля, политический динамизм и компетентность, но и огромный капитал. Он требовался для решения задачи «Взять у помещиков землю и крестьян, дать крестьянам землю и свободу без революции и контрреволюции». Роль катализатора процесса модернизации должны были сыграть – выкупные операции. Для обеспечения этих операций капиталом нужно было: а) привлечь иностранный капитал и б) изыскать внутренние ресурсы.

Финансовая система Российской империи в то время находилась в перманентно критическом состоянии. Министерство Государственного Контроля (МГК) империи, призванное управлять процессами расходования финансов и отчетностью, институционально не могло результативно этого делать. Необходимость реформы Госконтроля была очевидна для властей предержащих. Император начал эту реформу с назначения на должность Министра Госконтроля Валериана Алексеевича Татаринова (1816 – 1871г.г.).

С именем этого государственного служащего связана трансформация Госконтроля в значимый, эффективно действующий управленческий институт, который дал государству огромные суммы на проведение Великих Реформ.

В. А. Татаринов – образец настоящего (компетентного, совестливого, преданного делу) бюрократа, одна из ключевых фигур ЭВР. Он имел университетское образование и достаточный опыт работы во II отделении Собственной Его Императорского Величества (ЕИВ) Канцелярии. Начало службы В. А. Татаринова во II отделении приходилось на 1842 год – время, когда там еще царил дух его прежнего руководителя М. М. Сперанского. Вся последующая служба Татаринова указывает на то, что он был приемником и продолжателем дел М. М. Сперанского, в сильном и слабом их проявлении.

В 1855 -58 г.г. В. А. Татаринов выезжал по рекомендации Великого князя Константина за границу для изучения опыта работы госконтроля в передовых европейских странах. По итогам своей командировки он написал ряд трудов: «Государственная отчетность в Пруссии», «Государственная отчетность во Франции», «Государственная отчетность в Австрии», «Государственная отчетность в Бельгии», «Хозяйство и отчетность военного министерства во Франции». Текущим результатом деятельности министра Татаринова было становление одной независимой ревизионной инстанции в Российской империи – Министерства Государственного Контроля, обладавшего правом предварительной и последующей проверки отчетности всех министерств и ведомств (до этого министерства сами себя контролировали, а ГК визировал результаты этих проверок).

Действия министерства ГК, в соответствии с характером и политической волей министра В. А. Татаринова, обрели решительный и оперативный характер. Уже в 1868 г. государственная роспись расходов и доходов (бюджет) была сведена без дефицита. Министр объединил раздельно существовавшие кассы Минфина, МПС, МВД и других министерств и ведомств в одну при Министерстве финансов.

К началу деятельности МГК «Авгиевы конюшни» российских финансов выглядели следующим образом: в кассах Минфина - 75 млн. руб., в кассах других министерств- 200 млн. руб. В Министерства Путей Сообщений с 1843 г. не обревизовано 10 тыс. дел на сумму в 78 млн. руб., в МВД не обревизовано

13 тыс. дел и пр., пр. Уже после смерти В. А. Татаринова в 1876 г. Госсовет дал такую высокую оценку его деятельности: «…больший сравнительно с прежним порядок в государственном хозяйстве, большая бережливость в употреблении денежных и имущественных средств государства, большее уважение к финансовым и хозяйственным законам стали положительно замечаться в последнее время и на проявление всех этих улучшений значительную долю влияния безусловно имеет более строгий и внимательный контрольный надзор»[1]. Этот успех вызывал яростное сопротивление чиновников. Министр Просвещения империи А. В. Головнин отмечал, что Министра ГК «… весьма не любили наши министры и вообще чиновники». Предложения В. А. Татаринова о сведении кассы империи и контроле за использованием средств – фактически лишали Министров возможности произвольно расходовать финансы. Это вызвало резкое сопротивление министров: Военного – генерала Сухозанета Н. О., Госимуществ – Муравьева М. Н., Путей сообщения – Чевкина К. В.

А. В. Головнин оценивал эти преобразования Госконтроля так: «Реформа Татаринова имела самое благодетельные последствия для наших финансов. Она перевела их из тьмы в свет…»[2]. Автор этой высокой оценки был реалистом и поэтому выделил некоторые слабости реформатора. В. А. Татаринов- человек и «… недостатки его состояли в мелочности, узости взглядов и незнании действительной жизни многих учреждений»[3]. Однако, эти черты характера реформатора не снижали результатов и значения его реформ.

На губернском уровне структуры МГК создавались вновь. Так в Тамбовской губернии 1 января 1866 г. открыла свою работу Тамбовская Контрольная Палата (ТКП). Она действовала автономно от губернаторской власти. Управляющему ТКП принадлежало исключительное право принятия и увольнения служащих Контрольной Палаты. ТКП была обязана предоставлять

---

[1] Брокгауз Ф. А. и Ефрон И.А. Энциклопедический словарь. Т. 64, С-Пб., 1901. С.669.
[2] Головнин А. В. Записки для немногих. //ВИ №11,1997. С.90.
[3] Там же.

финансовый отчет о деятельности губернских учреждений в канцелярию МГК. Тамбовский губернатор контролировал благонадежность служащих ТКП, перемещал их по службе, но обязательно докладывал об этом в Госконтроль. Ревизовать работу ТКП и представлять ее служащих к наградам губернатор не имел права.

Особое внимание в МГК уделялось повышению квалификации кадров. Министр ГК исходил из того, что кадры должны готовиться практически, внутри Палаты, через должность счетных чиновников (начальная ступень) с причислением их по должности к IX классу – титулярный советник, в армии – капитан. Продвигать чиновников по службе следовало на основе того, что они: «… более других способны для дела и более усердны в исполнении возлагаемых на них обязанностей». В Циркуляре Тамбовской Контрольной Палате (ТКП) Министр Татаринов так характеризовал дух и смысл службы чиновников Контрольной Палаты: «…уверен, что все усилия их будут направлены к удержанию легкомысленных от увлечений и к устранению от служебной деятельности всякого вредного и противозаконного влияния»[1].

Циркуляр №1 по ТКП устанавливал штатные должности, классность и размер окладов чиновников. Структура ТКП включала Управляющего, Старших ревизоров, Младших ревизоров, Помощников ревизоров, Счётных чиновников, Секретарей. Управлял работой ТКП во второй половине 60-х г. г. XIX в. Коллежский советник (6 класс) – барон Гюнс.

Оценивая деятельность ГК и ТКП, в конце 60-х – начале 70-х г. г. XIX в., следует подчеркнуть, что этот орган действовал продуманно, с учётом европейского и всероссийского опыта и на основе конкретного исторического уровня общественного сознания. ГК и ТКП стремились обоснованно и результативно управлять процессом либерализации государственного устройства и снизить негативные социальные имущественно - финансовые последствия быстрой и всеохватной эволюции России 60-х – 70-х г. г. XIX в.

---

[1] Государственный архив Тамбовской области (ГАТО), Фонд № 11, Оп. 19, Д.2, Л.3.

В заключении подчеркнем, что в условиях ЭВР, когда круто менялась судьба 22,5 млн. подданных (всего населения – 75 млн.) Империи, трансформация Государственного Контроля дала положительный социально-экономический результат.

Источники и литература

1. Брокгауз Ф. А. и Ефрон И. А. Энциклопедический словарь. Т. 64, СПб, 1901.
2. Государственный архив Тамбовской области, Фонд. 11, Оп.19. Д. 2.
3. Головнин А. В. Записки для немногих. //ВИ №11, 1997.

Историософия коррупции - некоторые российские аспекты

Понимание истории, выраженное в символах, смыслах, экзистенциалах и смыслообразах, которое методологически пытается ответить на вопросы «Почему?» и «Чего не делать?», будет использоваться в нашей статье как Историософия – историософский подход к объяснению такого всевременного социально - политического и экономического явления как коррупция. Историософия претендует на познание тайны истории, являясь в этом плане ее мистикой, и требует от познающего переживания истории как своей личной духовной судьбы. К осознанию того, что Россия – это судьба пришли в золотой век Русской культуры Ф.М. Достоевский, В.С. Соловьёв, М.Е. Салтыков – Щедрин и многие другие Великие.

Современная ситуация в РФ с проблемой коррупции нашла своё официальное отражение в Национальной стратегии противодействия коррупции и национальном плане противодействия коррупции на 2010 – 2011 годы, Национальном плане противодействия коррупции на 2012 – 2013 г.г. В них акцентируется внимание на том, что «...коррупция, являясь неизбежным следствием избыточного администрирования со стороны государства, по-прежнему серьёзно затрудняет нормальное функционирование всех общественных механизмов, препятствует проведению социальных преобразований и повышению эффективности национальной экономики, вызывает в российском обществе серьёзную тревогу и недоверие к госинститутам, создаёт негативный имидж…и правомерно рассматривается как одна из угроз безопасности РФ». Эта констатация – рациональна и ориентирует на «устранение коренных причин» коррупции. По нашему мнению, приступить к этому процессу и добиться положительных результатов возможно после того, как власть и гражданское общество уяснит некоторые аспекты историософии российской коррупции и выделит её «коренные причины».

Для этого необходимо попытаться выяснить понятие коррупции. В первоначальном значении древнеримский термин «коррупция» понимался как разрушение, уничтожение, ухудшение, порча, обольщение, превратность, ложность. В этом наборе синонимов две трети более принадлежат к моральным и интеллектуальным основам этого процесса и меньшая часть – к материальным. Авторы этого понятия выделяли термин «коррупртор» - совратитель, обольститель. В немецком, английском и французском языках этот термин используется в том же контексте, что и в латинском.

За 2000 лет, отделяющих нас от Рима М.Т. Цицерона, «наш» термин политизировался и приобрёл такие современные значения, как «своерушничество», «подкуп», «использование политическими, государственными и общественными деятелями своего положения для наживы и обогащения». Эти «новые» значения имеют так же мощную морально – интеллектуальную подоплёку. Последнее заставляет нас обратить большее внимание на коррупцию в морально – интеллектуальном аспекте, нежели в правовом и экономическом.

Семантика термина «коррупция» указывает на то, что российская государственность рецепировала этот процесс из византийской практики через крещение Руси в Христианство.

Российская историческая наука ещё в XIX веке обоснованно утверждала, что Христианство, привнесенное на Русь Владимиром Крестителем, имело как положительные, так и негативные последствия. Среди последних, в связи с распространением коррупции в государственной и общественной жизни древнерусского общества, следует отметить патернализм и провиденциализм. Эти мировоззренческие конструкции требуют от паствы относиться к властям предержащим, как к родителям и проявлению божественной воли. Такое отношение в период христианизации Руси «легло» на язычество и, в условиях двоеверия, облеклось в мифологизацию власти – провиденциализм и естественную жертвенность народа («дети») в пользу властей («родители») – поминки – патернализм. Психология этих процессов базируется на основном инстинкте – инстинкте самосохранения. Проситель уснастил свою просьбу подношением - это понималось, как подтверждение для того, кому адресовалась просьба, что он есть значимая фигура и от него зависит существование просителя. Массовое тиражирование подобных ситуаций создавало у властного лица устойчивый стереотип – от меня зависит всё.

Период татаро-монгольской зависимости Руси (XIII – XV в.в.) внедрил в государственное, общественное и индивидуальное сознание позитивность деспотизма, питательнейшей среды для распространения коррупции. Великие российские историки - Н.М. Карамзин, С.М. Соловьёв, Н.И. Костомаров, В.О. Ключевский, С.Ф. Платонов и др. едины во мнении, что ведущим способом, посредством которого Москва возвысилась над всеми остальными претендентами на то, чтобы возглавить процесс объединения русских земель был - «…заискивание в Орде». Можно предполагать, что мифологизация князей Калитина дома не в последнюю очередь была связана и с тем, что они запечатлели себя в истории Российского государства, как великие коррупторы. Объективно следует признать, что коррумпированность Золотой Орды и то, как талантливо воспользовались этой морально-интеллектуальной болезнью московские князья, способствовало успешному осуществлению объединения русских земель и освобождения их от ордынского ига. Здесь же следует подчеркнуть, что коррупция уничтожила величайшее государство средневековья в Евразии – Золотую Орду. Это позитивно мифологизировало коррупцию в общественном и индивидуальном сознании россиян («Не подмажешь – не поедешь»).

Именно в конце XV века мы встречаем в истории русского государства и русской церкви первые попытки официальной борьбы с таким болезненным проявлением коррупции, как мздоимство – взяточничество. Первый московский Государев судебник 1497 года запрещал брать поминки – взятки. Статья 1 требовала «посулов бояром, и околничим и диаком от суда и от печалованиа не имати; також и всякому судие посулы от суда не имати. А судом ни мстити, ни дружити никому».[1] Нарушение этой статьи предполагало суровые наказания по государеву произволу. В этой формуле мы выделяем два момента: во-первых, коррупция уже различается как болезненное для государства, общества и личности явление, во-вторых, предполагается бороться с ним жёсткими карательными мерами. Успехи борьбы с коррупцией на этом историческом этапе известны. Институт кормленщиков государство ликвидирует, а кары за взяточничество усиливает. Во втором Московском Царёвом судебнике 1550 г. это находит полное отображение. Взяточник должен был возвратить взятое, заплатить пошлины царю и великому князю и за езд, за хождение, и за пересуд, за содержание под стражей, «а в пене что государь укажет».[2]

Особо следует ещё раз подчеркнуть, что суровые карательные меры не дали в этот период каких-либо положительных результатов в государственном управлении и общественной жизни.

История русской церкви того периода определялась крупной богословской дискуссией Иосифлян (Иосиф Волоцкий) и Нестяжателей (Нил Сорский) и возникновением ересей, стригольников и жидовствующих. По мнению А.В. Карташёва, за всем этим стояла проблема - может или нет церковь копить богатство и какова роль в этом процессе симонии. «Стригольники обвиняли «весь вселенский собор – патриархов, митраполитов, епископов, игуменов,

---

[1] Российское законодательство X-XX в.в., М. 1985, т.2, с.54.
[2] Там же, с.97.

попов и весь священный чин» за то, что «не по достоянию поставляются, ибо духопродавчествуют». Ересиархи утверждали: «Сии учители пьяницы суть, едят и пьют с пьяницами и взимают от них злато и сребро и порты от живых и от мёртвых».[1] Еретики были подвергнуты церковной казни, тем не менее, иерархи Церкви рассмотрели вопрос о допустимости платы за поставление в чин (симония) и соборно утвердили, что размер этой платы может достигать семи гривен серебра (около 1,5 кг серебра).

Это факты, позволяющие нам обратить внимание на то, что русская церковь и её служители разных рангов считали нормальной практикой симонию и получение всяческих подношений. За это они, исполняя свои «служебные обязанности», поставляли в высокие церковные должности и отпускали серьёзные грехи. На почве такой «практики» в общественном и индивидуальном сознании формировалась идеология, основанная на принципе, что подношение – взятка (проявление коррупции) – объективно необходимое, нормальное явление.

XVI век в российской истории – это период завершения оформления абсолютной монархии московского образца, для которой свойственны двойные мораль и право. И.Е. Забелин в своих исследованиях отмечает, что в тот период Москва переменила нравы в русских землях. Это значит, что либеральные нравы северо-западной Руси (Псков, Новгород) ушли в прошлое, а деспотические московские – возобладали. Вот как он описывает этот процесс: «В XVI веке Москва делается в действительности сердцем почти всего северо-востока Европы, все к ней тянет, как к жизненному центру. Население возрастает, можно сказать, не по дням, а по часам, чему в значительной степени способствует и ненавистная всей земле московская волокита и проесть, приказное, подклетное, т.е. чисто вотчинное управление землёю, которое

---

[1] Карташёв А.В., История Русской Церкви, М., 2000, т.1, с.599.

немилосердно волочит людей к этому центру, заставляя их ходить – волочиться за своими делами целые месяцы и годы».[1]

Волокита - вполне понятный для современного исследователя коррупционный термин. Менее понятным для современника термином является - «проесть». Впервые мы встречаем его в «Русской правде» Ярослава I Мудрого (1019 или 1036 годы), в дополнительной статье «О коне». Этот термин использован здесь для характеристики скрытой болячки – болезни. Из контекста забелинской «волокиты и проести» последняя выступает как необходимость для просителя накрывать столы и делать угощения для того, чтобы «протолкнуть» своё дело. Такое положение позволяет обоснованно предположить, что коррупция была той питательной средой, из которой произрастала деспотичная московская государственность.

В XV-XVII веках одной из основных характеристик московской системы госуправления было местничество. Оно сложилось в процессе создания русского централизованного государства, когда обострилась борьба за участие в госуправлении среди бывших удельных князей и московского боярства. Это привело к созданию коррупционной системы, наверху которой стояли потомки великокняжеского дома Рюриковичей и часть литовских Гедиминовичей; ниже располагались потомки других удельных княжеских линий, старые московские боярские фамилии, ещё ниже – потомки удельных князей и удельного боярства. Все назначения на государственные должности происходили на основании этой иерархии и записывались в разрядные книги.

Счёт местами часто приносил существенный вред в дипломатических посольствах и на военном походе. Система местничества (своерушничество) препятствовала выдвижению способных людей на высшие должности, что серьёзно вредило госуправлению. Вначале (1550-е годы) царь Иван IV практиковал назначение на ведущие военные и дипломатические посты людей не по «породе» а по заслугам, позже (в 1682 году) местничество было

---

[1] Забелин И.Е., Домашний быт русских царей в XVI и XVII столетиях, к.1, Государев двор, или дворец, М., 1990, с. 63.

уничтожено. Из этого видно, что институт, воспроизводивший коррупцию и не поддававшийся позитивной регуляции, неизбежно пришлось уничтожить организационно и юридически.

Государственная реформа Петра I, идеи которой были заимствованы у «шведов – моих учителей», как любил говорить «Отец Отечества» и автор этой реформы, имела серьёзную антикоррупционную направленность. Одной из её основных идей была идея о том, что карьерный рост напрямую связан со службой государю и государству. Это существенно минимизировало коррупционное поле, хотя не сводило его к нулю.

В начале XIX века мы уже видим у престола заметное количество высших государственных лиц, которые стыдятся взяточничества, своерушничества, то есть, явно антикоррупционны. Их не много, это первые ласточки, но они создают мощный прецедент. Они внушают государственной элите чувство стыда за коррупционные проступки. Среди них мы выделяем как «Сынов 1812 года», так и, в определённом смысле, их антиподов - Н.М. Карамзина, М.М. Сперанского, И.А. Крылова, С.С. Уварова, А.А. Аракчеева и некоторых других. В обобщённом виде мы можем утверждать, что элита столичного дворянства, включая и некоторых членов императорской фамилии, начинает стыдится коррупционных действий. Этот стыд имеет огромное «революционное» значение. На этой основе идёт, по сути, селекция государственных служащих и их сознания. Однако, в тот момент ещё невозможно говорить о резком снижении коррупциогенности в России и в её госаппарате. 15 ноября 1826 года А.С.Пушкин в своей записке «О народном воспитании», написанной по заданию императора Николая I, весьма критично оценивает итоги антикоррупционной деятельности Правительства в сфере повышения образовательного и культурного уровня госслужащих. По оценке А.И. Герцена ситуация в седине XIX века в России существенно не изменилась. Александр Иванович размышляет о том, что если бы на Руси чиновники не брали взяток, то там не возможно было бы жить.

Ситуация меняется в следующих поколения элиты и госслужащих в конце XIX века. Выразительным примером, подтверждающим успехи этого процесса, является эпизод, связанный со вступлением в должность командира Отдельного корпуса жандармов В.Ф. Джунковского. Л. Разгон в «Непридуманном» утверждает, что в мае 1914 года Владимир Фёдорович отказался от услуг Р.В. Малиновского – члена Ц.К. РСДРП и руководителя фракции большевиков в IV Госдуме, продуктивного и высокооплачиваемого агента Отдельного корпуса жандармов, по моральным соображениям. Здесь не анализируется вопрос о пользе этого шага в тактическом плане борьбы с революцией и последующими катастрофическими процессами. Этот факт даёт основание утверждать, что в XIX - начале XX веков в среде государственных служащих России набирает силу селекционный процесс по формированию типа государственного служащего, не заражённого коррупцией. Формирование подобного сознания в среде государственных служащих России есть отражение достижений Золотого века российской культуры.

Документальное подтверждение этому находим в материалах Всероссийской чрезвычайной следственной комиссии Временного правительства и мемуарах её участников. Так социалист-революционер (В.М. Зензинов), которому было поручено Муравьевым (председателем ВЧСК) обследование деятельности Царя, после нескольких недель работы с недоумением и тревогой в голосе говорил коллегам по комиссии: «Что мне делать, я начинаю любить Царя?» Летом 1917 года Керенский был вынужден признать, что в действиях «Николая II и его супруги не нашлось состава преступления». То же самое Керенский подтвердил английскому послу Бьюкенену. Не смогла ВЧСК предъявить обвинений в коррупции и бывшим царским министрам, главноуправляющим и прочим высшим должностным лицам как гражданского, так и военного и морского ведомств. Было единственное исключение – В.А. Сухомлинов был признан виновным в «недостаточной подготовке армии к войне» (Первой Мировой). С сожалением следует констатировать, что одного антикоррупционного сознания «верхов» для защиты и сохранения политической системы и обеспечения её поступательного развития недостаточно.

Процесс постепенного преодоления коррумпированности государственной службы и общественной жизни в России был прерван Октябрьским переворотом 1917 года. Это выразилось в том, что законодательство Российской империи и законы Временного правительства первыми Декретами Советской власти были отменены. Все общественные и правоотношения строились на основе пролетарского чутья и революционной целесообразности. В условиях Гражданской войны в России и иностранной интервенции большевистское своерушничество (на все руководящие должности назначались только члены партии, либо разделяющие большевистское мировоззрение, сочувствующие) становилось основой государственного строительства и общественной жизни.

В августе-сентябре 1920 года партийное – государственное строительство вошло в фазу кризиса. Кризис носил структурный характер и затрагивал все сферы государственной и общественной жизни. В РКП(б) это выражалось в болезненных явлениях в монопольно правящей партии, в конфликте между «центром и местами». Состоявшаяся 22-25 сентября 1920 года Девятая всероссийская конференция РКП(б) рассмотрела вопрос о кризисе. Она пришла к заключению, что он выражается в хозобрастании, кумовстве, злоупотреблении служебным положением в собственных интересах, в деспотизме РВСов по отношению к местным организациям. «Крупнейший очаг – отмечала конференция – бюрократизм в нашей собственной среде, нехватка нашей собственной партийной организации».[1] Для борьбы с этими «болезненными явлениями» (коррупционными проявлениями) Девятая конференция правящей партии создаёт Контрольные комиссии. Этот орган классифицируется как «орган пролетарской и партийной совести». В сочетании с положением Конституции РФ 7 июля 1918 года о поражённых в правах (представители бывших эксплуататорских классов: буржуазия, дворянство,

---

[1] Девятая конференция РКП(б). Протоколы. М., 1972., с.145.

кулачество, казачество, буржуазная интеллигенция, служащие правоохранительных органов дореволюционной России, духовенство), это делает большую часть населения РФ, позже – СССР, беззащитной по отношению к по-большевистски коррумпированной государственной и общественной системе.

В 1923 году создание объединённого Наркомата ЦКК-РКИ в ещё большей степени делает СССР и советское общество тоталитарным. В современных науках об обществе утвердилось мнение, что одним из неотъемлемых свойств тоталитарного общества-государства является коррупция, возведённая в ранг политики государственного строительства.

Избранная Двенадцатым съездом РКП(б) (март 1923 г.) Объединённая ЦКК-РКИ включала в свой состав руководящих работников ОГПУ, НКВД, Прокуратуры, Верховного суда РФ. К тому времени сложилась государственная практика, по которой уголовное дело на члена партии могло быть заведено только после того, как ЦКК-РКИ (на местах – губернская КК-РКИ) исключала обвиняемого из членов партии. Внутрипартийная борьба того периода ввела практику продвижения на высшие партийные и государственные должности по принципу личной преданности лидеру партии, поэтому решение вопроса об исключении из партии имело не правовую – коррупционную основу.

Такая основа партийно-государственного строительства фактически сохранилась до конца Советского периода и распада СССР. Её стереотипы в закамуфлированном виде проявлялись на протяжении всех 90-х годов XX века.

Краткий обзор историософии российской коррупции в её организационных, интеллектуальных и моральных проявлениях позволяет сделать некоторые выводы. Во-первых, о том, что коррупция имеет длительную государственную и общественную историю и сопровождает российское государство и общество на протяжении жизни более тридцати поколений. Это даёт серьёзные основания предполагать, что представление о её объективности, неизбежности и необходимости для положительного разрешения общественных, государственных и личных проблем в сознании отдельной личности, социумов и всего общества переместилось на бессознательный уровень этих акторов и является генетическим признаком. Во-вторых, о том, что только карательные методы, как исключительный способ борьбы с коррупцией, не могут дать сколь - либо заметный положительный и долговременный результат. Здесь мы можем найти ответ на вопрос «Чего не делать?!». В-третьих, процесс борьбы-преодоления коррупции может иметь успех при комплексном подходе. Он должен вестись правовыми, экономическими, социальными, этико-интеллектуальными методами и должен определяться длительностью перспективы. В-четвёртых, может быть продуктивным использование философии восточных единоборств – направь энергию противника на борьбу с ним. Необходимо использовать девиз здравого смысла «Кто нам мешает, тот нам и поможет»! (Здесь уместно упомянуть о том, что затягивание с созданием в РФ института лоббирования – это саботаж процесса противодействия коррупции). В-пятых, одним из наиболее эффективных методов борьбы с коррупцией может быть селекция и создание будущих госслужащих и муниципальных служащих с антикоррупционным социальным и моральным кодом. В-шестых, необходимо мощное и продолжительное внедрение в общественное и индивидуальное сознание представления о недопустимости и постыдности участия в коррупционных действиях. Это связано с тем, что общество, народ в большей своей части в контактах с органами власти и управления нередко выступают в роли коррупторa (растлителя, совратителя). И последнее, в процессе преодоления коррупции могло бы иметь положительное значение реальное моральное и материальное стимулирование добросовестных, некоррумпированных государственных и муниципальных служащих.

Источники и литература

1. Девятая конференция РКП(б). Протоколы. М., 1972.

2. Забелин И.Е., Домашний быт русских царей в XVI и XVII столетиях, к.1, Государев двор, или дворец, М., 1990.

3. Карташёв А.В., История Русской Церкви, М., 2000, т.1.

4. Российское законодательство X-XX в.в., М. 1985, т.1,2.

Чрезвычайная следственная комиссия (март – октябрь 1917 года): встреча двух миров – старое и новое

Желаю только раскрытия правды

А.Ф. Керенский 5.3.1917 г.

5 марта 1917 года по решению Временного революционного правительства России была создана «Всероссийская чрезвычайная следственная комиссия (ВЧСК – В.У.) для расследования противозаконных по должности действий бывших министров, главноуправляющих и прочих высших должностных лиц как гражданского, так военного и морского ведомств». С подобным названием ВЧСК просуществовала одни сутки и на другие обрела наименование Чрезвычайная следственная комиссия (ЧСК). Цель создания это органа – подготовить следственные материалы о преступлениях царского правительства и передать их в Учредительное собрание России, которое примет решение о проведении судебного процесса. По сути, это – было началом демократических реформ системы государственного управления в революционной обстановке 1917 года. Анти самодержавные настроения в Петрограде того времени достаточно полно исследованы в исторической литературе и поэтому, мы примем как данность наличие у большинства столичного населения подобного сознания-настроения. Это настроение играло роль фундамента, на котором и происходила вся работа ЧСК. Подчеркнём, что основным носителем карательного настроения выступал, параллельный Правительству орган власти, Петроградский Совет рабочих и солдатских депутатов. Руководящий орган Петросовета – Исполком совета априори исходил из того, что царское правительства преступно и глубоко коррумпировано. Однако, процесс формирования и деятельности ЧСК – результат компромисса между двумя ветвями власти в Петрограде. Об этом, в первую очередь, свидетельствует структура ЧСК и личность её Председателя. Председателем ЧСК был назначен

Н. К. Муравьёв. Комиссия делилась на три части: следственную часть, наблюдательную часть и Президиум. Следственная часть состояла из лиц судебного ведомства в числе до 20 человек. Эти лица производили расследования, допросы, осмотры, обыски с соблюдением правил Устава Уголовного Судопроизводства (времён самодержавия – другого ещё не было). Наблюдательная часть ЧСК состояла преимущественно из адвокатов - в большинстве социалистов. Эта часть ЧСК являлись - надзорной, наблюдавшей и руководившей предварительным следствием. Третья часть ЧСК - Президиум, состояла в основном из общественных деятелей. Такая структура этого органа должна была обеспечить общественный характер (институт гражданского общества – языком XXI века) всему процессу деятельности ЧСК. Изучение материалов деятельности комиссии показывает, что адвокаты из Петросовета играли в ней роль – прокуроров, а представители судейского и прокурорского корпуса – роль адвокатов. Адвокат Н.К. Муравьёв (Председатель ЧСК), который до революции 1917 г. сделал себе имя на защите эсеров и эсдеков, в комиссии занял крайнюю, обвинительную позицию. Он пояснял свою позицию – требованиями политического момента. Выступая перед Первым съездом Советов, он говорил: «Товарищи, много распространяют легенд относительно содержащихся под стражей… одни говорят, что положение арестованных страшно плохо, что их чуть не мучают, истязают и т.д. Товарищи, нужно это опровергнуть совершенно твёрдо и определённо»[1]. Иная картина революционной тюрьмы даётся С.В.Завадским, заместителем Председателя ЧСК, который следующим образом прокомментировал допрос К.Д. Кафарова (бывшего в 1915-1916г.г. Вице - Директором Департамента полиции): «Очень скоро стали доходить до нас сведения, что караул бастиона (Петропавловской крепости – В.У.), захлестываемый, видимо, волнами «кронштадтского

---

[1] Муравьев Н.К. О работе Чрезвычайной следственной комиссии. Доклад на Первом Всероссийском съезде Рабочих и Солдатских депутатов // Известия Петроградского Совета Рабочих и Солдатских депутатов. 1917. N 95.

углубления революции», грубо притесняет заключенных, как контрреволюционеров, и даже морит их голодом, значительную часть арестантских порций направляя в свои, верные революции, желудки. Сведения были точные: их подтверждал и доктор при крепости... волнение мощно нарастало в душе, пока не перелилось через край на допросе вице-директора Департамента полиции К.Д. Кафарова... Это была тень прежнего Кафарова... А когда он на вопросы от кого-то из нас, заметившего его изможденность, осторожно сказал о положении заключенных и смолк, опустив голову и сделав рукою движение покорной безнадежности, я свое сердце услышал в висках. Едва удалился Кафаров, я, обращаясь к Муравьеву, взволнованно заговорил, что мы не можем долее без протеста терпеть дикий произвол караула, который позорит новый режим... Помню, что заверил, что при Царе едва ли бы нашелся прокурор, который бы допустил хотя бы отдаленный намек на подобного рода поступки со стороны тюремной стражи. Муравьев на это мне ответил требованием, чтобы я взял назад свои слова, унижающие новый режим и восхвалявшие старый. Я возразил, что если бы я был врагом нового режима, меня бы здесь он не увидел... Тон моего возражения был не из сдержанных; Муравьев кипятился не менее моего, и чем бы все это кончилось, кто может знать? Но выручил меня представитель из лагеря революционной общественности. С нами на сей раз в крепость приехал состоявший при Комиссии революционер – Неведомский (Миклашевский – В.У.); лицо его стоит передо мною, как живое: бледный, дрожащий шагнул он ко мне и со слезами на глазах пожал мою руку, говоря, что ему больно за себя и за своих при виде, какие безобразия могут теперь твориться»[1]. Эта пространная цитата из участника тех событий, позволяет увидеть, что «старое и новое» во время революционного катаклизма легко меняются местами.

[1] Мельгунов С.П. Судьба Императора Николая II после отречения. – Историко-критические очерки. М., Вече, 2005. С. 101.

Материалы работы ЧСК с подследственными, показали, что все привлечённые революцией к дознанию – не совершали коррупционных правонарушений и актов государственной измены. Только Военный министр В.А. Сухомлинов, как считала комиссия, повинен в том, что не подготовил армию России к Первой Мировой войне. Так как суда по материалам ЧСК не состоялось, то мы, естественно, должны подвергнуть эти обвинения сомнению.

Особо дискредитирует деятельность ЧСК такое «старое» явление как превышение своих карательных полномочий. Это выразилось в том, что к следствию были привлечены бывший император Николай II и его жена Александры Федоровны. Здесь комиссия явно превысила свои карательные полномочия (смотри « Вестник Временного правительства» 1917, N1и название комиссии) и показала, что новый институт власти и гражданского общества подвержен влиянию охлократии, попирает законность и привержен старым традициям, против которых призван бороться. Материалы комиссии свидетельствуют, что Николай II и Александра Федоровна сотрудничали с ЧСК и давали полные объяснения, по всем обращённым к ним вопросам. Итогом этого фрагмента работы комиссии стали «парадоксальные» результаты.

Один из следователей ЧСК писал: «Не скрою, что входя в состав Следственной Комиссии, я сам находился под влиянием слухов, захвативших всех, и был предубежден против личности Государя. Утверждаю, однако, что не я один, на основании изучения материалов, пришел к совершенно противоположным выводам. Так, еврей, социалист-революционер, которому было поручено Муравьевым (председателем ВЧСК) обследование деятельности Царя, после нескольких недель работы с недоумением и тревогой в голосе сказал мне: «Что мне делать, я начинаю любить Царя»[1].

---

[1] Кобылин В.С. Анатомия измены. Истоки антимонархического заговора. – СПб, «Царское дело», 2005. С.354.

Летом 1917 года Керенский был вынужден признать, что в действиях «Николая II и его супруги не нашлось состава преступления»[1]. То же самое Керенский подтвердил английскому послу Дж. У. Бьюкенену.

Завершая беглый обзор деятельности ЧСК, нужно констатировать, что она не закончила своей работы из-за октябрьского переворота 1917 года и разгона Учредительного Собрания 6 января 1918 года. Тем не менее, её материалы позволяют сделать некоторые выводы. Во-первых; ЧСК была порождением общественного революционного сознания Петрограда и его элиты – элиты революции февраля 1917 года. Во-вторых; состав ЧСК был эклектичен, но это предопределило эффективность её деятельности и достаточную объективность основных результатов. В-третьих; ЧСК удалось установить факты коррупционных действий и предложений, но со стороны революционного гарнизона и караула Петропавловской крепости Петрограда. В-четвёртых; ЧСК фактически установила (не смотря на политическую ангажированность Петросоветом), что подавляющее большинство членов царского Правительства не совершали коррупционных преступлений и не брали взяток. В-пятых; приходила к убеждению, что члены царского Правительства и сам Император не совершали преступлений против действовавшего, в период их правления, Закона.

Все эти результаты оказались отменены вооружённым захватом власти большевиками. Далее материалы ЧСК использовались для обслуживания идеологических потребностей партии, захватившей власть. Эта встреча двух миров – старого и нового, закончилась без учёта прошлого положительного опыта, что естественно делало невозможной преемственность положительного опыта в строительстве правового государства и гражданского общества в России.

---

[1] Мельгунов С.П. Судьба Императора Николая II после отречения. – Историко-критические очерки. М., Вече, 2005. С. 128-129.

Литература

1. Кобылин В.С. Анатомия измены. Истоки антимонархического заговора. – СПб, «Царское дело», 2005.

2.Мельгунов С.П. Судьба Императора Николая II после отречения. – Историко-критические очерки. М., Вече, 2005.

3.Муравьев Н.К. О работе Чрезвычайной следственной комиссии. Доклад на Первом Всероссийском съезде Рабочих и Солдатских депутатов // Известия Петроградского Совета Рабочих и Солдатских депутатов. 1917. N 95.

Образовательный уровень правящих элит России: закат Империи, Первое Временное правительство и Первый Совет Народных Комиссаров

«Невежество - это демоническая сила,

и мы опасаемся, что оно послужит

причиной еще многих трагедий».

Карл Генрих Маркс

(осень 1843 г.)[1]

Уровень образования правящих элит России в начале XX века - качество и эффективность управления Империей и Республикой. Системы подготовки и переподготовки управленцев России в конце XIX – нач. XX веков. Просопография управленческих элит на различных уровнях и в различные конкретно-исторические периоды. Один из критериев эффективности и результативности управления имперской Россией – промежуточные результаты деятельности Чрезвычайной следственной комиссии (ЧСК) Временного правительства для расследования противозаконных по должности действий бывших министров, главноуправляющих и прочих высших должностных лиц как гражданского, так военного и морского ведомств. Всё это мы попытались отразить в этой статье.

---

[1] К. Маркс и Ф. Энгельс. Сочинения. Изд. 2-е. Т. 1, с. 112.

В начале XIX века(1809 г.) имперское руководство России приходит к пониманию необходимости создания системы подготовки и повышения квалификации государственных служащих. Инициатива М.М. Сперанского, хотя и была встречена российским чиновничеством неоднозначно, реализовалась в создании и деятельности Александровского (Царскосельского) лицея (1811 – 1918г.г.). Программа была ориентирована в первую очередь на подготовку государственных просвещённых чиновников высших рангов. Воспитанников обучали языкам (русский, латинский, французский и немецкий) и риторике. Изучались закон Божий, философия и основы логики, арифметика, геометрия, тригонометрия, алгебра, физика и космографии, история российская, история иностранная, география и хронология. Постигались изящные искусства и гимнастика (рисование, чистописание, танцы, фехтование, верховая езда, плавание). Лицеисты, готовившиеся к военной карьере, дополнительно изучали оружие, тактику, стратегию и историю войн, военную топографию и черчение планов. Девизом Лицея было: «Для общей пользы».

Знание не рассматривалось как самоцель. Главным было воспитание хорошего человека. Таким был в XIX веке государственный заказ. Все были согласны в том, что хороший человек и со скромными познаниями принесет пользу Отечеству, а бездушный и бессердечный себялюбец, да еще образованный и облеченный властью, может послужить лишь погибели родной страны. При открытии Лицея 19 октября 1811 года А.П. Куницын (профессор нравственных и политических наук) сказал: «Приготовляясь быть хранителями законов, научитесь прежде сами почитать оные; ибо закон, нарушаемый блюстителями онаго, не имеет святости в глазах народа. Государственный человек, будучи возвышен над прочими, обращает на себя взоры своих сограждан; его слова и поступки служат для них правилом…»[1].

Выпускники лицея за 100 дооктябрьских лет действительно составили славу России и были, в большинстве своём, эталоном государственного служащего.

---

[1] http://ps.1september.ru/articlef.php?ID=200406909

Ещё одним элитным учебным заведением, профиля государственной службы, был Пажеский корпус. Создан в 1802 г., стал самым престижным учебным заведением данного профиля по воле императора Николая I. В корпусе изучали математические и военные науки, философию, мораль, право, историю, географию, генеалогию, геральдику, юриспруденцию, государственный церемониал, русский и иностранный языки, каллиграфию, а также верховую езду, танцы и фехтование. Там читали курс не только корпусные преподаватели, но приглашались профессора университета и высших военно-учебных заведений Петербурга. Так, артиллерию и фортификацию преподавал профессор трех военных академий, композитор Ц. А. Кюи. Ряд преподавателей корпуса являлись учителями особ царской фамилии.

Вот как описал в своих мемуарах содержание учебных программ П.А. Кропоткин: «Годы 1859-1861 были временем расцвета точных наук. Грове, Клаузиус, Джоуль и Сегэн доказали, что теплота и электричество суть лишь различные формы движения. Около этого времени Гельмгольц начал свои исследования о звуке, которые составили эпоху в науке. Тиндаль в своих популярных лекциях, так сказать, прикоснулся к самым атомам и молекулам. Герард и Авогадро ввели в химию теорию замещений, а Менделеев, Лотар Мейер и Ньюландс открыли периодическую законность химических элементов. Дарвин своим «Происхождением видов» совершил полный переворот в биологических науках, а Карл Фогт и Молешотт, следуя за Клодом Бернаром, создали физиологическую психологию»[1] это и многое другое преподавалось пажам.

Пажи выбрали своим девизом девиз рыцарского Ордена тамплиеров: «Чист, как золото, тверд, как сталь». Избегая идеализации духа и основ этого учебного заведения – отметим, что Корпус дал России прекрасных военачальников: А.А. Брусилова, Г.М. Ванновского, И.В. Гурко, А.М.

---

[1] militera.lib.ru/memo/russian/kropotkin_pa/index.html

Драгомирова, М.М. Скалона, В.И. Ромейко-Гурко, Ф.Е. Келлера, А.Л. Билдерлинга, военного дипломата и историка А.А. Игнатьева. Из его стен вышли: М. В. Родзянко, гетман Украины П.П. Скоропадский, председатель Совета Министров России в 1916 г. А.Ф. Трепов, первый русский революционер А.Н. Радищев. Корпус окончили в свое время ученые: географ и геолог П.А. Кропоткин, историк И.К. Шильдер, профессор военной академии П.И. Головин. Поэты Е.А. Баратынский, Р.Н. Дорохов, А.Н. Креницин, Ф.П. Цицианов, Я.Н. Толстой.

Среди элитных учебных заведений, готовивших государственных управленцев отметим Училище правоведения. Основано указом Николая I от 9 мая 1835 г. по идее и на средства принца Ольденбургского и при тесном участии М. С. Сперанского, с целью воспитания юридически компетентных кадров для административной и судебной деятельности. В приготовительных и начальных классах полностью проходили гимназическую программу (вместо греческого языка - естествоведение). На специальных курсах проходили энциклопедию законоведения (начальный курс права), затем права церковное, римское, гражданское, торговое, уголовное и государственное, гражданское и уголовное судопроизводство, историю римского права, международное право, судебную медицину, полицейское право, политическую экономию, законы о финансах, историю вероисповеданий, историю философии, в связи с историей философии права.

В числе преподавателей училища были: А. И. Кранихфельд, В. Д. Спасович, Д. И. Мейер, Н. С. Таганцев, Ф. Ф. Мартенс, М. А. Таубе, А. Ф. Кони, А. Э. Вормс, Э. Н. Берендтс, С. М. Лукьянов, И. К. Кайданов, С. Д. Каврайский, Серебреников В.С. и др.

Среди выпускников училища были: И. С. Аксаков, А. А. Алехин, 4-й чемпион мира по шахматам, А. Г. Булыгин, И. Л. Горемыкин, А. М. Жемчужников, В. Д. Набоков, К. П. Победоносцев, Р. Р. Розен, В. В. Стасов, П. И. Чайковский, М. И. Чайковский, П. П. Шиловский. Там же учился (но не кончил его) Л. И. Мечников.

Успешная деятельность этих и подобных учебных заведений Российской империи позволила к концу XIX – нач. XX веков. решительно повысить уровень профессиональной подготовки чиновников. Из 4339 вступивших на службу с 1 ноября 1894 г. по 1 августа 1895 г. высшее образование имели 32,5%, среднее – 15,1%, низшее – 52,4%. В сенате преобладали лица с высшим образованием: в 1903 г. – 138 из 146. Большинство членов Государственного Совета в 1903 г. составляли люди с высшим образованием, причем 30 из 83 – со специальным юридическим. На уровне среднего звена бюрократии в 1903 г. во всех категориях высшее образование стало нормой, и заметна тенденция к росту чиновников, получивших высшую юридическую подготовку. Например, из 44 губернаторов в 1903 г. высшее образование получили 29 человек, из них высшее юридическое, по крайней мере, 15[1].

Первое Временное правительство было сформировано из выпускников столичных российских и ведущих зарубежных университетов (см. таблицу).

Резкий контраст с образовательным уровнем имперских и Временного правительства управленцев составляет уровень образования членов первого СНК РСФСР.

Сравнительная таблица

Министры имперского Правительства	Министры первого Временного правительства	Наркомы первого СНК
Витте С.Ю. окончил физико-математический факультет Новороссийского университета,	**Львов Е.Г.** окончил Поливановскую гимназию и юридический факультет Московского	**Ульянов-Ленин В.И.** экстерном окончил юридический факультет СПбИУ. **Пред. СНК.**

---

[1] www.superinf.ru/view_helpstud.php?id=414

кандидата физико-математических наук. Действ. Тайн. Сов. **МПС, Минфин, Пред. Совмин.**	университета. **Пред. Совмин., МВД.**	
Столыпин П.А. окончил естественное отделение физико-математического факультета СПбИУ. Кандидат Физ. Мат. факультета. Действ. Тайн. Сов. **МВД, Пред. Совмин.** Почётный член Тамбовской губернской архивной комиссии.		**Рыков А.И.** поступает на юридический факультет Казанского университета, в марте 1901г. за участие в студенческих выступлениях — исключён, образования не закончил. **НКВД.**
Коковцов В.Н. окончил Александровский лицей с золотой медалью. Действ. Тайн. Сов. **Минфин, Пред. Совмин.**	**Терещенко М.И.** свободно владел в общей сложности 13 языками, учился в Киевском университете, в 1905—1908 изучал экономику в Лейпцигском университете. Окончил юридический факультет Московского университета -	**И.И.Скворцов-Степанов** Образование получил в Московском учительском институте. **Нарком фин.**

	экстерном. **Минфин.**	
Штюрмер Б.В. окончил юридический факультет Петербургского университета со степенью кандидата прав. Действ. Тайн. Сов. **Пред. Совмин., МВД и МИД.**	**Милюков П.Н.** окончил историко-филологический факультет Московского университета, магистр русской истории. **МИД.**	**Тоцкий Л.Д.** окончил училище Св. Павла в Одессе, где был первым учеником по всем дисциплинам. Высшего образования не получил. **НКИД.**
Святополк-Мирский П.Д. Учился в Пажеском корпусе, окончил курс в Николаевской академии генерального штаба. Ген. от кавалерии – Дейст. тайн. советник. **МВД**	**Поливанов А.А.** окончил Николаевскую инженерную академию и Николаевскую академию Генерального штаба. Ген. от инфантерии – Действ. Тайн. Сов. **Председатель Комиссии по реформированию и демократизации армии.**	**Антонов-Овсеенко В.А.** окончил Воронежский кадетский корпус и Санкт-Петербургское пехотное юнкерское училище в 1904. **НК ВиМД.**
Сухомлинов В.А. окончил Академию Генерального штаба по первому разряду. Ген. от кавалерии – Дейст. тайн. советник.	**Гучков А.И.** - историко-филологический факультет Московского университета, изучал, государственное и	**Крыленко Н.В.** - осенью 1903 г. поступил на историко-филологический факультет Петербургского

Военный министр.	международное право, политическую экономию, финансовое право и рабочее законодательство в Берлинском, Венском и Гейдельбергском университетах. **Военный и временно морской министр**	университета, номинально проучился до августа 1905г. Высшего образования не получил. **НК ВиМД.** **Дыбенко П.Е.** Окончил 2-классное училище. Работал грузчиком. **НК ВиМД.**
Наумов А.Н. Закончил Симбирскую классическую гимназию с серебряной медалью (золотую получил В. Ульянов, с которым Наумов в течение шести лет сидел за одной партой) и юридический факультет Московского университета. Действ. Стат. Сов. 1911г. **Мин. Земледелия**	**Шингарёв А.И.** Московский университет - физико-математический факультет по естественному отделению, в 1891 г., в 1894г. курс медицинского факультета МУ. **Мин. Земледелия**	**Милюти В.П.** окончил юридический факультета СПбИУ. **НК Зем.**
Марков А.А. Санкт-Петербургский государственный университет. Дейс. тайн. Сов. **Щегловитов И.Г.**	**Керенский А.Ф.** Александр с золотой медалью окончил Ташкентскую гимназию и юридический факультет СПбИУ.	**Ломов-Опоков** 1906—1910 — юридический факультет Петербургского университета, 1910—1913 — арестован,

Императорское училище правоведения с золотой медалью. Дейс. тайн. Сов. **Все Мин. Юст.**	**Мин. Юст.**	выслан под гласный надзор полиции в Архангельскую губернию (в 1913 экстерном сдал государственный экзамен). **НКЮст.**
Трепов А.Ф. Пажеский корпус, Тайный советник. **МПС.** **Кригер-Войновский Э.Б.** Санкт-Петербургский технологический институт со степенью инженера-технолога (1886), Институт инженеров путей сообщения со званием гражданского инженера. **МПС.**	**Некрасов Н.В.** Санкт-Петербургский институт инженеров путей сообщения (окончил в 1902г.; с отличием). В 1903—1905г.г. находился на стажировке в Германии. **МПС. Мин. Финн.**	**В.И.Невский - Кривобоков** окончив гимназию, поступил в Московский университет на естественный факультет, в 1899 исключён. **НКПС.** **Елизаров М.Т.** окончил физико-математический факультет (отделение математики) СПбИУ. **НКПС**
Шаховской В.Н. Получил военно-морское образование в Морском кадетском корпусе. Действ. тайн. сов. **Мин. Торг. и**	**Коновалов А.И.** начал вузовское образование на физико-математическом факультете Московского	**Ногин В.П.** окончил 4-классное училище в Калязине Тверской губернии. **НКПТ.**

Пром.	университета, закончил в профессионально-техническей Школе прядения и ткачества в Мюльгаузене (Германия). **Мин. Торг. и Пром.**	
Игнатьев П.Н. Учился в Сорбонне (Франция). Окончил Киевский университет. В 1907 Действ. стат. сов. В 1915 Действ. тайн. сов. **Мин. Нар. Просв.**	**Мануйлов А.А.** окончил юридический факультет Новороссийского университета. Слушал лекции в Московском университете, при котором был оставлен для подготовки к профессорскому званию. В течение двух лет слушал лекции в Берлинском и Гейдельбергском университетах (Германия). Магистр политической экономии. Профессор. **Мин. Нар. Просв.**	**Луначарский А.В.** по окончании гимназии, где его товарищем был Н.А. Бердяев, отправился в Швейцарию, где поступил в Цюрихский университет. Слушал курс философии и естествознания Рихарда. Авенариуса. **НКПрос.**
Раев Н.П. Окончил гимназию и специальные классы	**Львов В.Н.** окончил историко-филологический	**Функции** Обер-Прок. Св. Синода можно аналогизировать с

Лазаревского института восточных языков. Действ. стат. сов. **Обер - Прокурор Святейшего Синода.**	факультет Московского университета, был вольнослушателем Московской духовной академии. **Обер - Прокурор Святейшего Синода.**	деятельностью **ЦКК РКП(б).** В 1920 г. самой авторитетной фигурой этого органа, был **Сольц А.А.** – «совесть партии», учился на юридическом факультете Петербургского университета (не окончил).
Покровский Н.Н окончил юридический факультет Санкт-Петербургского университета. Тайный советник. **Государственный Контролёр.**	**Годнев И.В.** окончил Нижегородскую духовную семинарию, медицинский факультет Казанского университета, доктор медицины. **Государственный Контролёр.**	**Ландер К.И.** Посещал лекции историко-филологического факультета Московского университета, но был исключен с 3 курса. **НК Госконтроль.**
Джунковский В.Ф. Воспитанник Пажеского корпуса. Ген.лейт. – Тайн. советн. **Товарищем (заместителем) министра внутренних дел и командиром**	**Крыжановский Д.А.** Окончил архитектурное отделение Академии Художеств. Был специалистом по вокалу, певцом и знатоком музыки, преподавал в	**Дзержинский Ф.Э.** Учился в одной гимназии с Ю. Пилсудским. Дважды отсидел в первом классе, а восьмой не окончил. «Все учителя – сволочи». Высшего

Отдельного корпуса жандармов.

Белецкий С.П. закончил юридический факультет Киевского университета. Тайн. советн. **Товарищ (заместитель) министра внутренних дел, Директор департамента Полиции.**

музыкальном кружке, изучал теорию музыки. **Нач. Петроградской милиции.**

Никитин А.М. окончил юридический факультет Московского университета, вместе с Александром Керенским участвовал в работе комиссии по расследованию расстрела на Ленских приисках в 1912. **Нач. милиции Москвы.**

Никитин Б.В. Образование получил в Тифлисском кадетском корпусе и Институте путей сообщения. Окончил 2 класса Николаевской военной академии (очевидно по 2-му разряду, так как в Списке ГШ 1914 не значится). Полковник – Колежский советн. **И. д. начальника контрразведки**

образования не имел. **Председатель ВЧК.**

Петерс Я.Х. в справочной литературе и ресурсах Интернет нет сведений о получении им какого-либо образовании. Июнь – август 1918 г. **ИО Председателя ВЧК.**

	Петроградского военного округа, Генерал-квартирмейстер штаба Петроградского ВО. Начальник развед. отделения ГУГШ.	

Приведённые в Таблицы материалы позволяют сделать некоторые выводы: 1) министры последних имперских Правительств обязательно имели высшее образование, полученное в элитных, профильных учебных заведениях России. Все они имели высокие чины государственной службы, что прямо указывает на большой опыт и квалификацию этих управленцев; 2) показательны промежуточные результаты работы ЧСК Временного правительства, она склонялась к тому, что ни Царь, ни его министры не совершали преступных по должности деяний (Сухомлинова В.А. - бывш. военного министра Российской империи пытались обвинить в том, что он не подготовил страну к Мировой войне, обвинение не доказано, суда не было) – образование воспитывает не коррумпированную личность высшего управленца[1]; 3) министры первого Временного правительства имели, в основном, высшее гуманитарное образование и опыт службы на ниве Земства, большой опыт адвокатской и профессорской деятельности. Реальный опыт и практика государственного управления у них, как правило, отсутствовали; 4) господствовавшее в советской историографии мнение о том, что первый СНК состоял из самых образованных во всём мире «министров» несколько преувеличено. Оно обычно подтверждалось ссылкой на высокую оценку, которую дал первому СНК РСФСР Д. Рид (1917 г.) в «Десять дней, которые потрясли весь мир»[2].

---

[1] Муравьев Н.К. О работе Чрезвычайной следственной комиссии. Доклад на Первом Всероссийском съезде Рабочих и Солдатских депутатов // Известия Петроградского Совета Рабочих и Солдатских депутатов. 1917. N 95.
[2] royallib.ru/book/rid.../desyat_dney_kotorie_potryasli_ves_mir.html

Предвзятость этой оценки – объясняется идеологическими симпатиями. Р. Робинс (1917 г.) в своих «Недипломатических записках» вполне прагматичен и даёт положительную оценку СНК по патриотическим (для американского социалиста-миллионера) - коммерческим мотивам - «признание большевиков сильно запоздало и должно быть осуществлено немедленно, ибо, если США признают большевиков, — «я верю, мы будем иметь контроль над избытком ресурсов России и поставим контролирующих сотрудников на всех пограничных пунктах»[1]; 5) анализ образовательного уровня и отсутствие опыта - практики государственного или земского управления (местного самоуправления) при условии беззаветной преданности идеям российского марксо – большевизма, позволяет видеть в этом отсутствии (образования и опыта управления) одну из основных причин многих будущих трагедий Советской России – СССР.

Литература

1. К. Маркс. Передовица в № 179 «Kölnische Zeitung» (осень 1843 г.).— К. Маркс и Ф. Энгельс. Сочинения. Изд. 2-е. Т. 1, с. 112.

2. http://ps.1september.ru/articlef.php?ID=200406909

3. militera.lib.ru/memo/russian/kropotkin_pa/index.html

4. www.superinf.ru/view_helpstud.php?id=414

5. Кобылин В.С. Анатомия измены. Истоки антимонархического заговора. – СПб, «Царское дело», 2005. С.354.

6. Мельгунов С.П. Судьба Императора Николая II после отречения. – Историко-критические очерки. М., Вече, 2005. С.128-129.

7. Муравьев Н.К. О работе Чрезвычайной следственной комиссии. Доклад на Первом Всероссийском съезде Рабочих и Солдатских депутатов // Известия Петроградского Совета Рабочих и Солдатских депутатов. 1917. N 95.

---

[1] http://sv-rasseniya.narod.ru/booki/sutton/9.html#_Toc158707187 Bullard ins., U.S. State Dept. Decimal File, 316-11-1265.

8. royallib.ru/book/rid.../desyat_dney_kotorie_potryasli_ves_mir.html

9. http://sv-rasseniya.narod.ru/booki/sutton/9.html#_Toc158707187   Bullard ins., U.S. State Dept. Decimal File, 316-11-1265.

Управление без подготовки. Советская Россия начала 20-х годов XX века

Под управлением без подготовки автор имеет в виду феноменальную ситуацию, когда власть в огромной империи взяли представители партии РСДРП (б). Элита этой партии имела университетское образование, но не имела практики управления. Показательна оценка, данная В.И. Лениным одному из «молодых» лидеров ЦК РКП(б) в 1922 - 23 г.г.: « Бухарин не только ценнейший и крупнейший теоретик партии, он также законно считается любимцем всей партии, но его теоретические воззрения очень с большим сомнением могут быть отнесены к вполне марксистским, ибо в нем есть нечто схоластическое (он никогда не учился и, думаю, никогда не понимал вполне диалектики)»[1]. Эта нелицеприятная оценка дана лидеру правящей партии-государства, который прослушал три курса на экономическом отделении юридического факультета Московского университета (1907 – 1910 г.г.), а в эмиграции (с 1910 г.) слушал лекции профессоров - экономистов Ойгена фон Бем-Баверка и Фридриха фон Визера в Венском университете.[2] Данная оценка, хотя и не лишена политического «задора», но очень показательна – один из любимцев и ценнейший - крупнейший теоретик партии-государства – схоласт и не имеет практики руководства даже скромным государственным учреждением.

Более негативной в 1920-х г.г. была ситуация с руководителями среднего звена – будущими первыми лицами партии-государства. Руководители среднего звена, как правило, вообще не имели образования и тем более достаточного опыта управленческой работы. Исправить это положение должны были создававшиеся в то время партийно-советские высшие учебные

---

[1] Ленин В.И. , ПСС, издание 5-е, т. 45, стр. 345
[2] Деятели СССР и революционного движения России. Энциклопедический словарь Гранат. М.,1989. С. 374.

заведения. Элитным среди них был Институт красной профессуры (ИКП) - специальное высшее учебное заведение ЦК ВКП(б) для подготовки высших идеологических кадров партии и преподавателей общественных наук в вузах, созданный по Постановлению СНК РСФСР от 11.2.1921 г. Процессуально подготовка интеллектуальной элиты связывалась с "пролетаризацией" и "большевизацией" профессорско-преподавательского состава, созданием научно-учебных заведений нового типа; полным пересмотром учебных планов, программ, научно-образовательной литературы; внедрением новых методов обучения и научного творчества на началах плановости, коллективизма и т.д. В результате намечались создание и легитимация обществознания как социального института, основанного на вполне определенной идеологической доктрине и соответствующих стратификационных схемах, главной из которых было различение «пролетариата» и «буржуазии». После письменных и устных экзаменов экзаменационная комиссия ИКП докладывала Мандатной Комиссии ИКП свое заключение. Мандатная Комиссия докладывала свое мнение в Оргбюро ЦК РКП(б), которое выносило окончательное решение. Порядок зачисления часто нарушался. Главным моментом было решение Оргбюро, которое часто принимало студентов не считаясь с уровнем их подготовки и правилами. Основным критерием при приёме было – приверженность коммунистической идеологии и пролетарское происхождение.

Процессом формирования Профессорско-преподавательского состава (ППС) ведала Комиссия Родштейна (Ротштейна Ф.А.) по сформированию ППС ИКП. Более плодотворными комиссии представлялись два пути. Первый – концентрация на преподавательской работе всех тех партийных сил, которые пригодны для университетского преподавания (см. оценку Бухарина Н.И. Лениным В.И.). Сюда включались профессора-коммунисты; опытные партийные и номенклатурные работники, не имеющие прямого отношения к науке, но зарекомендовавшие себя как практические марксистские идеологи. Второй путь – подготовка коммунистической молодежи. Предполагалось, что сначала специально обученная и благонадежная (но не обладающая достаточным опытом) молодежь сможет стать помощницей имеющегося профессорско-преподавательского состава, а затем и полностью заменит его в деле преподавания общественных наук.

Количество слушателей, поступивших в ИКП с 1921 по 1930 годы, составило более 3,5 тысяч человек, а число полностью завершивших обучение – 335 человек[1]. Таким образом, отсев составил около 90%. Вступительных экзаменов, естественно, никаких не было, но было длительное собеседование по марксистско - болшевистской тематике.

Новой власти требовались новые командиры армейских частей и соединений. О том как осуществлялся приём на 2-е Сибирские пехотные командного состава курсы РККА можно узнать из газеты «Знамя революции», Томск. Наглядное представление о характере требований, предъявляемых к курсантам, дает объявление, опубликованное в газете (декабрь 1920): «Рабочие и крестьяне! В Томске открылись пехотные и артиллерийские курсы командного состава Рабоче - Крестьянской Красной Армии. Прием прошений производится ежедневно с 10 до 2 часов дня в здании духовной семинарии (Никитская, 8). Требуется рекомендация двух советских работников. Образование безразлично. Военком Кошкаров».

Достаточно несерьёзно выглядели экзамены в Академию генштаба героев гражданской войны – красных комдивов и командармов. Один из поступивших написал: «При поступлении в академию преподаватель русского языка М. П. Протасов нанес нам, образно говоря, жестокое поражение. В диктанте, который писали я, Д. Ф. Сердич, И. Р. Апанасенко, О. И. Городовиков, Г. И. Бондарь, Я. П. Гайлит, обнаружилось столько ошибок, что все мы были просто обескуражены: сможем ли мы одолевать науку, не имея серьезной общеобразовательной подготовки?»[2].

О том как сдавал вступительный экзамен по истории в Академию Генерального штаба комбриг Шмидт (Гутман Д.А.) пишет А. Бармин, который

---

[1] ГАРФ. Ф.5284, оп.1., ед. хр. 135, л. 12-13.
[2] Бушков А.А. Красный монарх. — СПб.: Нева, 2004, Ч. II, с.101.

вместе с ним поступал в военную Академию РККА, «на вступительных экзаменах Шмидт был трогательно-беспомощен…На втором устном экзамене Шмидт был вызван первым. Прихрамывая, он со своей огромной саблей на боку медленно подошёл к столу.

— Назовите годы правления Петра Второго, — попросили его.

— Не имею представления, — сухо ответил он.

— Назовите войны Екатерины Второй.

— Я их не знаю.

Генералы переглянулись между собой, и Мартынов повторил вопрос:

— Назовите нам годы правления Екатерины Великой и год ее смерти.

— Меня тогда не было на свете, и это меня не интересует…

Это взорвало Мартынова:

— Господа, это недопустимо! Я отказываюсь экзаменовать далее этого кандидата.

Тут вмешался комиссар академии, и этот замечательный кавалерист был принят при условии, что он пообещает сдать экзамен позже, когда у него будет больше времени на изучение истории, что практически означало — никогда»[1].

Так же полуанекдотично выглядел экзамен В.И.Чапаев по военной топографии в Академии Генштаба. В ответ на вопрос о р. Сене и её топографии, экзаменуемый ответил незнанием. Экзаменаторы, естественно, высказали крайнее удивление-возмущение. Красный комдив не полез за словом в карман и начал свой экзамен для экзаменаторов о реке Солянке (есть две реки с такими названиями – Верхняя и Средняя, обе впадают в реку Самара и через неё в реку Волга). Когда опешившие экзаменаторы признались, что не знают даже реки с таким названием ни то, что её топографии, краском победно поправив ус, поведал о том как он громил там войска белых (Колчака А.В.).

К концу 1920-х г.г. , в ходе дела ОГПУ «Весна»(Дело Генштабистов) были физически уничтожены все эти генералы, которые задавали подобные – неудобные вопросы. РККА осталась без офицеров и генералов участников

---

[1] Бушков А.А. Красный монарх. — СПб.: Нева, 2004, Ч. II,с.101.

Первой мировой войны. Это во многом предопределило неудачи и поражения РККА конца 1930х – нач. 1940х г.г.

Подобным образом обстояло дело в СССР в 1920е – 30е г.г. и с руководителями среднего звена. Об этом свидетельствуют материалы ряда губернских партийных(РКП(б)-ВКП(б)) архивов и ряда других источников. Так, специалист назначенный в губфинотдел (г. Смоленск) жаловался в заполненной анкете, что «работать приходится трудновато, нужно знать бухгалтерию, а я 35 лет тому назад окончил 3-ю группу сельской школы. Все забыл». Другой случай там же: имевший 15-и летний производственный стаж помощник машиниста паровоза И. назначен заведующим губземуправлением. Шофер-слесарь с низшим образованием и стажем работы на производстве 14 лет К. назначен заведующим губотделом труда. Слесарь Ч. Стаж 17 лет, образование низшее – помощник прокурора. Помощника машиниста паровоза с низшим образованием Ю. Общий стаж на производстве 17 лет назначили директором завода им. Калинина[1].

Ленинский призыв по г.Воронеж (1924 г.) выглядел по уровню образования так: «степень грамотности: неграмотных - 4, малограмотных - 28, домашнее (образование) - 32, низшее – 825». Следует понимать, что речь идёт об образовательной «базе» будущих руководителей партии-государства в среднем и, позже, в высшем звене. Воронежские партийные лидеры (Губернская Контрольная Комиссия) делали из этого такой вывод: небольшой процент использования ленинцев объясняется «... с одной стороны частично низким политическим и культурным уровнем развития самих Ленинцев».[2]

Тамбовская губернская КК-РКИ (Контрольная Комиссия – Рабоче - Крестьянская инспекция) зафиксировала на конец 1924 г.: "Проверка установила: хорошо грамотных - 8,3%, грамотных - 40,1%, малограмотных - 36,2%, неграмотных - 15,4% среди вновь вступивших"[3] по Ленинскому

---

[1] https://sites.google.com/site/ocerkipoistoriirodnyhmest/-smolenskij-gnojnik-1938-god
[2] ЦДНИВО. Ф.10, Оп.1, Д.927, Л.1.
[3] ЦДНИТО. Ф.841, Оп.1, Д.39, Л.27.

призыву. Подобное положение было характерно для большинства губернских организаций правящей партии – государства РКП(б).

На уровне рабочих, даже «Колыбели Революции» - Ленинграда положение было просто катастрофическое.   Об этом свидетельствовал Чубаровский процесс. Он был знаменателен тем, что показал полное отсутствие у рабочей молодежи представлений о культуре, морали, товариществе. К тому же прокурор, выступавший на процессе, – М. Рафаил (в 1926 г. он заменил Сафарова на должности главного редактора «Ленинградской правды» после разгрома зиновьевцев) проявил необыкновенную глупость. Он обвинял подсудимых, парней 18-20 лет, в том, что они подпали под влияние буржуазной морали, начитавшись иностранных буржуазных газет. Но подсудимые были малограмотными. Они не читали не только иностранных газет, которых им было не достать, но и советских газет. Они имели самое смутное представление о советской власти, о задачах комсомола и т.д. Падение уровня образования, культуры и морали за 5-6 лет советской власти выявилось на Чубаровском процессе очень ясно[1].

Взяв власть и укрепив ее силой оружия в ходе Гражданской войны, большевики столкнулись с серьезными проблемами в управлении разваливающейся империей. Летом 1920 г. высшее партийное руководство призналось в наличии «признаков разложения» в правящей партии-государстве. Для преодоления этого кризиса решением IX Всероссийской конференции РКП (б) (22-25 сентября 1920 г.) создается Центральная Контрольная Комиссия (ЦКК) - орган «пролетарской и партийной совести». Его «предмет труда» - изживание пьянства, разврата, жестокого или чрезмерно грубого отношения к подчиненным, использования в своих личных целях положения на советской, партийной службе.

Более категорично формулировала цель и задачи Контрольных Комиссий(КК) Тамбовская ГКК в 1921 г. - оздоровление партии, чтобы

---

[1] http://bookz.ru/authors/poletika-nikolai/wospominaiya/

ответственные работники не закомиссаривались, не делали чиновничьих поступков.

Это предполагало особые качества исполнителей: беспристрастность и 15-ти летний стаж пребывания в РКП(б) (об образовании и общем культурном уровне в то время никто не рассуждал даже на высшем партий но - государственном уровне). Провозгласив эти критерии, В. И. Ленин выразил сомнение в том, что на местах такие кадры найдутся.

Подтверждение этому встречаем при изучении личных дел состава Контрольных Комиссий(КК) в ЦЧО. В 1923 г. Анкеты показывают - неграмотных около 66% личного состава КК. Партстаж: до 50% после февраля 1917 г., до 1905 г. – около 15%. На этапе становления КК до 1924 г. в их составе преобладают рабочие. С 1925 г. – советские и партийные функционеры (в основном из ОГПУ, Прокуратуры, Суда, Милиции).

Изучение анкет членов ГКК РКП(б) позволяет увидеть, что личный состав «партийной и пролетарской совести» в 1921-1925 гг. не был готов решать задачи по «оздоровлению» партии и всей советской политической системы. Эта неготовность объяснялась именно отсутствием необходимого образования и достаточного опыта управления. По российской государственной и управленческой традиции этот недостаток попытались восполнить жестокостью руководства. Достигнутый результат даже отдалённо не оправдывал ожиданий.

Источники и литература

1. Бушков А.А. Красный монарх. — СПб.: Нева, 2004, Ч. II.
2. ГАРФ. Ф.5284, оп.1., ед. хр. 135.
3. Деятели СССР и революционного движения России. Энциклопедический словарь Гранат. М.,1989.
4. Ленин В.И. , ПСС, издание 5-е, т. 45.
5. ЦДНИВО. Ф.10, Оп.1, Д.927.
6. ЦДНИТО. Ф.841, Оп.1, Д.39.

7. http://bookz.ru/authors/poletika-nikolai/wospominaiya/

8. https://sites.google.com/site/ocerkipoistoriirodnyhmest/-smolenskij-gnojnik-1938-god

Первоначальное накопление на социалистическую индустриализацию в СССР – 1925 - 1928 годы: региональный аспект

В этой статье мы рассмотрим некоторые аспекты процесса первоначального накопления на социалистическую индустриализацию, сконцентрируем внимание на социально-экономических проявлениях этого процесса в Центрально Чернозёмном регионе. Источниковой базой этой статьи являются материалы архивов правившей в тот период партии – государства РКП(б) – ВКП(б), государственных архивов и периодической печати Воронежской, Курской, Орловской и Тамбовской губерний (областей). Фокусом нашего исследовательского внимания будет деятельность Контрольных Комиссий партии – государства, которые на этом этапе имели реальные этические партийно-государственные управленческие компетенции. Сосредоточим внимание на реализации сталинской модели первоначального накопления и исследуем её результативность и эффективность.

Фон, на котором будет происходить этот процесс описывается материалами и результатами дискуссии о партэтике в парторганизациях Центрального Черноземья и на Пленуме ЦКК (октябрь 1924 г.), где остро обсуждалась проблема пьянства. КК парторганизаций региона фиксируют за 1924 г. и относительное и абсолютное возрастание пьянства. Тамбовская губернская КК рассмотрела за это время дел: о склоках - 10, пьянстве - 244, нарушении комэтики - 39.[1] Воронежские товарищи рассмотрели: пьянство - 69, религиозные обряды - 21, нарушение коммунистической этики - 26, хозобрастание - 7.[2] Курская ГКК констатировала в конце 1924 - нач.1925 г. : « ... на втором месте партнарушений является пьянство ». «За   пьянство

---

[1] ЦДНИТО. Ф.841, Оп.1, Д.59, Л.31.
[2] ЦДНИВО. Ф.10, Оп.1, Д.56, Л.5.

исключено 12,6%, наложено взысканий 5,04%»».[1] В конце 1924 - начале 1925 гг. в Орловской организации РКП(б) КК привлекла по делам о пьянстве - 136 чел., нарушении партдисциплины - 91 чел., нарушении партэтики - 69 чел., исполнении религиозных обрядов - 31 чел., уголовным преступлениям - 26 чел., склоке - 23 чел., преступлениям по должности - 18... Всего - 432 чел.".[2] Эта статистика показывает, что борьба с пьянством проводится интенсивно, но желаемого результата не даст. Причинами безуспешности этой кампании были: не включенность хлеба в товарный оборот, низкий доход крестьян и, как следствие, украшение будней и праздников водкой (самогоном). Основной причиной безуспешности этой кампании в то время была потребность партии – государства в капиталах на строительство нового общества – социалистическую индустриализацию.

Ко времени дискуссии о партэтике в верхах партии существовал план накопления капитала на индустриализацию за счет введения продажи водки. Об этом на Октябьском Пленуме ЦКК (1924 г.) прямо говорила Н.К.Крупская. Она замечала: «Мы не можем пройти, не отозвавшись на издание закона, который подрывает здоровье трудящихся, падает всей тяжестью на рабочий класс. Некоторые товарищи (Сталин, Куйбышев – В.У.) ссылаются на частные разговоры с Владимиром Ильичем, который якобы не возражал против этого. Точно они не приводят его слова».[3] Далее Н.К.Крупская отметила общую тенденцию к снижению употребления водки, но сказала, что исключение составляет Юго-Восточный регион. Она объяснила это существующими там трудностями со сбытом хлеба. В конце Крупская отметила: «К вопросу о спаивании народа, КК не могут спокойно относиться к этому факту».[4] Это было единственное выступление на Пленуме ЦКК РКП(б), который объявил «борьбу» пьянству, оно отчасти приоткрывало планы руководства РКП(б) и СНК СССР в вопросе водочной политики. Распоряжение (не закон),

---

[1] ГАКО. Ф.66, Оп.1, Д.42, Л.54
[2] Там же, Л..31.
[3] Второй Пленум ЦКК(3-5 октября 1924г). Изд. ЦКК-РКИ,1924,С.196.
[4] Там же, С.197.

разрешившее торговлю водкой, было издано в августе 1925 г. руководством Центроспирта.

Приказом N 26 по Центральному правлению государственной спиртовой монополии (Центроспирт) было предписано производить спирт для торговли водкой. Приказ для Центрального Черноземья подписали: Председатель правления - Ф.Сыромолотов и Зав. административным отделом - С.Алексеева-Дмитриева. Циркуляр Центроспирта от 12 октября 1925 г. гласил: «...основной задачей всей нашей деятельности в текущем операционном году является продвижение максимального количества хлебного вина (водки - В.У..) в сельскую местность (не останавливаясь даже перед могущей оказаться нехваткой вина для города)...».[1]

Документы Воронежской ГКК фиксируют красочную картину при начале реализации этой политики. С утра, в день открытия торговли «очищенной 40% водкой», магазины были украшены электрическими гирляндами и лозунгами «Крепость в 40%, свидетельствует о крепости Советской власти». В этом духе было и настроение в деревне: «Пьянство процветает в деревне, где коммунисты заражены общим праздничным настроением».[2] Однако с появлением водки в продаже и рабочие не отставали от деревенских коммунистов.

Тамбовская ГКК в 1925 г. фиксирует, что «пьянство наиболее распространенное болезненное явление в партии. Каждый год приблизительно 30% из общего числа членов партии проходит через ГКК по этому вопросу».[3] В этой ситуации ГКК партийных организаций региона предпринимают серьезные, но чрезвычайно безуспешные шаги: создают программы, куда вносятся вопросы по изучению болезненных явлений, взыскивают с пьющих и исключают неисправимо пьющих из партии, но пьянство продолжает быть неуязвимым. Нужно заметить, что вне сейфов и грифа «Совершенно секретно», ГКК высказывались конкретней. Так, на XVI Тамбовской губернской

---

[1] ГАТО. Ф.789, Оп.1, Д.141, Л.1.
[2] ЦДНИВО. Ф.10, Оп.1, Д.132, Л.19.
[3] Там же, Л.50.

партконференции (декабрь 1924 года) Березовский отмечал: «самый крупный процент нарушений нашей Тамбовской организации (дает) пьянство», а увеличение пьянства происходит за счет увеличения рядов партии. Делегаты конференций, проходивших в 1924-25 г.г. в Тамбовской организации РКП(б), обращали внимание на разные стороны и причины пьянства. Например - в декабре 1924г. (XVI ГП Конференция): «т. Кузнецов: Если хочешь выпить, выпей, но залезь под кровать, чтобы тебя никто не видел. Иванов: Дело в том, что русский человек пить не умеет, если немного выпьет, то становиться не в уме. Студеницкий: Если коммунист будет пить каждый день, хотя бы тайком, и будет пропивать свою совесть и партию, то нужно брать его за шиворот».[1]

Эти выступления показательны тем, что вину за захлестывающее партийные организации пьянство, возлагают на рядовых членов партии, которые плохи, склонны к пьянству, не могут понять, что нужно делать пьяным, чтобы не позорить партию. Политика Центроспирта, за и над которым стоит высшее политическое руководство РКП(б) – ВКП(б), по усиленному продвижению водки на рынок не анализируется вообще.   Этот   избирательный подход обрекал усилия ГКК региона в борьбе с пьянством на никчёмность. Шире, чем стенограммы конференций, к партийным массам доходили выступления периодики. Однако периодическая печать в то время сконцентрировалась на других проблемах: Ленинский   призыв; решения XIII съезда партии; реализация лозунга «Лицом к деревне» и т.д. Все это свидетельствует, что КК губернских партийных организаций региона как и ЦКК стояли в этой кампании на позиции - открыто партию не дискредитировать широкой антиалкогольной кампанией.

Наиболее проблема усиленной торговли водкой и её влияния на состояние правящей партии – государства и всего общества проявилась в решении проблемы первоначального накопления капитала на социалистическую

---

[1] Шестнадцатая   Тамбовская   губпартконференция.   Стенотчет. Изд. Тамбовского ГК РКП(б). декабрь 1924, с.63.

индустриализацию страны. Другие способы накопления, хотя и нарушали патэтику (налоги с публичных и игорных домов, экспроприация крестьянства), но уже не регламентировались Контрольными Комиссиями.

КК ВКП(б) Черноземья по внутрипартийным каналам пытались указать на негативные последствия этого процесса. Орловская Губернская КК, проведя проверки ячеек, к октябрю 1926 г. сделала такой вывод: «Большинство из проверенных ячеек в составе своих членов имеют пьянствующих».[1] Председатель Орловской ГКК Э.М. Штраух вынужден был заметить на III Пленуме губернской КК (25-26, 28-29 мая 1926 г.), что «пьянство – зло всех зол», но оговаривался при этом, - пьянство начинается с досуга и домашней обстановки.[2] Из этого следовало, что большое зло пришло в партию из семьи и дома, политика усиленной торговли водкой, разумеется, с этим не связывалась. Это соответствовало тому образу семьи, который создал В.В. Маяковский – «...страшнее Врангеля обывательский быт».

Подобную оценку давал и VIII Пленум Курской ГКК (ноябрь 1926 г.). На первом месте среди болезней фигурирует пьянство.[3] Это заставляет внести в план работы Партийной комиссии ГКК п.9 «Повести более усиленную борьбу с пьянством».[4] Данный пункт, как показывает исследование, останется на бумаге и перелома в лучшую сторону не даст.

Более резкой и антиалкогольной была в то время позиция Тамбовской и Воронежской ГКК. На III Пленуме Тамбовской губернской КК (7-10 мая 1926 г.) рассматривались задачи ГКК по обеспечению индустриализации. Именно в этом контексте Страдз (ГКК) в докладе ПК ставил вопрос: «... нет ясного представления в вопросе, чем вызван пуск водочной промышленности?»[5] Тов. Романов, говоря о неэффективности воспитательной работы среди партийных масс, связывает это с тем, что «нет ясного

---

[1] ГАОО. Ф.2, Оп.1, Д.177, Л.47.
[2] Там же, Л.20.
[3] ГАКО. Ф.66, Оп.1, Д.55, Л.92.
[4] Там же, Д.57, Л.160.
[5] ЦДНИТО. Ф.841, Оп.1, Д.167, Л.20.

представления почему же выпущено в продажу вино..?»,[1] которое предопределяет низкий результат воспитательной работы. На Пленуме отмечалось, что необходимо различать пьянство у ответственных работников (сознательное) и у рядовых членов партии (бессознательное). В таком подходе можно видеть указание на культуру, или её отсутствие, быта вообще и застолья, в частности. Особенно продуктивным могло стать развитие ГКК мысли о несознательном пьянстве рядовых членов партии - нормальных советских людей, рабочих и крестьян, на котором строилась целая политика накопления капитала на социалистическую индустриализацию.

Еще 11 ноября 1925 г. на комиссии Политбюро ЦК РКП(б), которая рассматривала вопрос «О борьбе с пьянством» (напомним, что только 12 октября 1925 г. Центроспирт своим Приказом разрешил производство и продажу водки), Председатель комиссии Н.М.Янсон (чл. Президиума ЦКК, чл. Секретариата ЦКК, НК РКИ РСФСР) предоставил слово от ЦКК Е.М.Ярославскому. Емельян Михайлович внёс дополнение к п.2 Решения комиссии «О мероприятиях в связи с выпуском 40-градусной водки» предложил направить «выпуск хлебного вина в сельскую местность до 70% и ходатайствовать об увеличении до 85%».[2] Потребителями этого потока становились и «несознательные рядовые члены партии». Подобный «управленческий ход», по крайней мере, имеет сомнительную этическую и политическую основу - народ и рядовые члены партии – средство достижения цели. Такая политика приводит Березовского (члена Президиума Тамбовской ГКК, зав. ГРКИ) к выводу, что «скоро сделать многое (по борьбе с пьянством - В.У.) не представляется возможным».[3] Документы ГКК содержат указания на то, что «внизу» было понимание того, что это государственная политика. На заданный вопрос уполномоченному Тамбовской губернской КК по Липецкому уезду 12 декабря 1926 г. на партийном собрании: «Почему ведро спирта

[1] ЦДНИТО. Ф.841, Оп.1, Д.167, Л.20.
[2] РЦХИДНИ. Ф.17, Оп.69, Д.11, Л.17.
[3] ЦДНИТО. Ф.841, Оп.1, Д.167, Л.327.

(имеет) себестоимость 1 руб. 40 коп., в то время как одна бутылка очищенной (615 мл) стоит 1 руб. 25 коп.»,[1] ответа в протоколе нет. Нет ответа на подобные вопросы и в материалах других КК-РКИ ВКП(б) региона.

Представление о масштабах выпуска и потребления водки можно составить по следующим фактам: во-первых; в Тамбовскую губернскую контору Центроспирта поступило письмо ВСНХ СССР от 15 апреля 1926 г., в нём говорится: «...исходя из установленной правлением производственной разверстки в 30 млн. ведер (1 ведро - 12 литров 300 мл - В.У.)..., по вашему району причитается (произвести) Тамбовскому спиртотресту 1.205.000 ведер...»[2], во-вторых; за 8 месяцев (1 октября 1926 г. - 1 июня 1927 г.) лавками Центроспирта на территории Тамбовской губернии продано «51.104,54 ведра 40%, всего на сумму 1.114.562 руб. 29 коп.».[3] Для сравнения - несколько ранее этого времени фунт баранины хорошей упитанности стоил на рынке в г. Тамбов - 2 коп. (5 коп. - 1 кг). Следовательно, 1 ведро водки ценой в 21 руб. 80 коп. было эквивалентно по цене 436 кг баранины. Именно так 70% водки, двинутой в деревню, позволяли производить неэквивалентный обмен с крестьянами и выкачивать деньги на социалистическую индустриализацию. Эта политика и метод её реализации не могут быть признаны эффективными, хотя результаты в цифрах, на первый взгляд, впечатляют. В долговременном аспекте получили – серьёзные этико - управленческие проблемы и не добились резкого снижения самогоноварения в городе и деревне, а так же не получили необходимых капиталов на индустриализацию (за восемь месяцев в Тамбовской губернии потребили из лавок «Центроспирта» по 230 млл. на душу населения – 2726914чел.).

Состоявшаяся 21-27 ноября 1927 г. XIX Тамбовская губернская конференция ВКП(б) отмечала, что привлеченных за пьянство (с декабря 1926 по октябрь 1927 г.) - 100 человек (22,3% всех привлеченных).[4] В резолюции

[1] ЦДНИТО. Ф.841, Оп.1, Д.167, Л.70.
[2] ГАТО. Ф.789, Д.139, Л.47.
[3] ЦДНИТО. Ф.841, Оп.1, Д.228 ,Л.1.
[4] Там же, Д.293, Л.18.

конференция записала: «...из общего числа привлеченных ГКК к партответственности за некоммунистические поступки, значительное место занимает пьянство, в сравнении с прошлым годом имеется некоторый рост его».[1]

За 1926 год ПК Воронежской ГКК привлекла за пьянку 286 человек.[2] В 1-ом райкоме ВКП(б) г. Воронежа т. Коноплин высказал предположение, что «по данным ГКК в ячейках до 30% случаев пьянства, а с удешевлением горькой может возрасти (этот) процент».[3] И он действительно вырос с 32,9% в I полугодии 1926 г. до 38,1% во II полугодии 1926 г.[4] Это привело по словам Попойникова (Председателя ПК Воронежской ГКК) к понижению производительности труда и трудовой дисциплины.[5] Подобное положение отмечали все другие ГКК Черноземного региона. В то время это было лишь проявлением памяти о прошлых властных компетенциях органа управления и власти в ВКП(б).

Общественному мнению в партии и в стране проблема пьянства «подавалась» через периодическую печать. Ее выступления в большинстве случаев носили неглубокий, насмешливый характер агиток против пьянства. Так в Тамбовском «Коммунисте» в статье «Против пьянства и дебоширства» очень подробно останавливалось внимание читателя на том, что главной причиной пьянства «является культурная отсталость, ... слабость культурной работы ... правовая малограмотность, медленная борьба с этим отрицательным явлением путем административных и судебных воздействий».[6] Общественное мнение реагировало на это жестко и кратко, водку в народе стали называть «Рыковкой», по имени Председателя СНК СССР, члена Политбюро ВКП(б), говорят, что Председатель обижался.

---

[1] ЦДНИТО. Ф.841, Оп.1, Д.228 ,Л.82.
[2] ЦДНИВО. Ф.10, Оп.1, Д.134, Л.22.
[3] Там же, Д.147, Л.12.
[4] Там же, Д.149, Л.12.
[5] Там же, Д.232, Л.34.
[6] Коммунист. Орган Тамбовского ГК РКП(б).N2, 2.1926,С.22.

Встречалась и более глубокая постановка вопроса, но она шла в прессе без комментариев и связывалась с дискредитированными именами. Это изначально не могло быть воспринято конструктивно. Например, в статье «О чем говорят записки-вопросы» (Липецкий уезд) есть вопрос, прозвучавший на одном партийном собрании в уезде: «Разве Троцкий не прав, когда укоряет ЦК партии в том, что он разрешил торговлю водкой. Она удаляет крестьян от культуры, рушит сельское хозяйство. Не получится ли дыра от нашей водки».[1] Изложение этого вопроса дано в статье после многих упоминаний об антипартийности, непопулярности и «надоевшести» оппозиции партийцам Липецкой уездной организации партии. Поэтому и сам вопрос воспринимается, несмотря на его актуальность и уместность, как поддержка оппозиции против «ленинской» линии ЦК ВКП(б).

Следует подчеркнуть, что причины, по которым КК-РКИ парторганизаций Центрально-Черноземного региона проиграли антиалкогольную кампанию 1924-1927 гг. были не только конкретно-исторического характера, но и уходили корнями в государственные традиции Российской империи: бюджет России перед первой мировой войной на треть был водочным. Руководство ЦК ВКП(б) и СССР в этом вопросе лишь демонстрировало преемственность государственной традиции. Генеральный секретарь ЦК ВКП(б) прямо говорил в 1927 году, что идея отмены сухого закона принадлежит В.И.Ленину, а деньги от торговли водкой идут на социалистическую индустриализацию.[2] Бюджет СССР в 1927 г. составлял около 5 млрд. руб., водка давала более 500 млн. руб. "Это судьба!" - заключал И.В.Сталин.[3]

Обзор некоторых социально-экономических процессов, которые происходили в связи с первоначальным накоплением капиталов на социалистическую индустриализацию в ЦЧ регионе позволяет сделать ряд

---

[1] Коммунист. Орган Тамбовского ГК РКП(б).N2, 2.1926,С.22.
[2] Сталин И.В. Собр.соч. М., ИПЛ,1948,Т.9,С.192,Т.10,С.232.
[3] Там же, Т.10, С.234.

выводов. Во-первых, ничего оригинального партийно-советские управленцы в середине 1920х г.г. по проблеме первоначального накопления капиталов не предложили. Во-вторых, экономический - накопительный эффект был мал; перед Первой Мировой войной бюджет Империи получал до трети поступлений от винной монополии, а бюджет СССР в 1927 году – 10%. В-третьих, государственное изделие – водка не могла в тех условиях эффективно конкурировать с самогоном, особенно по цене. В-четвёртых, «ножницы цен» не давали возможности крестьянству повысить уровень благосостояния, переключить его усилия на реализацию лозунга «Обогащайтесь!» и делали «украшение жизни» - самогонным и водочным. В-пятых, такая методика первоначального накопления носила паразитический характер, эксплуатировала и усугубляла вредные привычки в общественном масштабе. Всё это, на наш взгляд, позволяет заключить, что результативность и эффективность осуществления управления процессом первоначального накопления на социалистическую индустриализацию очень низкой.

Источники и литература

1. Второй Пленум ЦКК(3-5 октября 1924г). Изд. ЦКК-РКИ,1924.

2. ГАКО. Ф.66, Оп.1, Д.42, 55, 57.

3. ГАОО. Ф.2, Оп.1, Д.59,177, 215.

4. Коммунист. Орган Тамбовского ГК РКП(б).N2, 2.1926.

5. РЦХИДНИ. Ф.17, Оп.69, Д.11.

6. Сталин И.В. Собр.соч. М., ИПЛ,1948,Т.9,С.192,Т.10.

7. ЦДНИВО. Ф.10, Оп.1, Д.56, 132, 134, 147.

8. ЦДНИТО. Ф.841, Оп.1, Д.59,107, 162,228,293.

9. Шестнадцатая Тамбовская губпартконференция. Стенотчет. Изд. Тамбовского ГК РКП(б). декабрь 1924, с.63.

Российская государственная служба: опыт и современность

Приступая к обзору проблемы – Российская государственная служба: опыт и современность, оговоримся, что следует различать два опытных уровня.

За первый мы принимаем обыденный – практический опыт, который накапливался на протяжении второй половины IX – первой половины XV в.в. Этот уровень насыщен достаточным практическим материалом по решению внутренних и внешних проблем русскими государствами. В этот период практический опыт государственной службы не получил правового и институционального осмысления и оформления. Для этого Российскому Государю и его ближайшему окружению требовалось подняться на более высокий опытный уровень здравого смысла (рациональный опыт).

За второй уровень, таким образом, мы предлагаем принять – рациональный опыт, который начал осмысленно фиксироваться в период правления Великого Московского Князя и Государя Всея Руси Ивана III (1462-1505 г. г.). Для этого опытного уровня характерны: изменение сознания Государя и сопутствующей ему в правлении элиты с вотчинного на государственное, правовое, идейное и мессианское оформление государственной службы.

Научный обзор практического опыта государственной службы мы начнем с опорой на принципы географической школы в истории. Одно из основных положений этой школы - географический детерминизм - позволяет выделить некоторые начала, активно формировавшие в прошлом и воздействующие сегодня на российскую государственность и государственную службу. Таких детерминант мы выделяем четыре: территориально-пространственное состояние государства, крепостные отношения, крещение Руси в Восточное (православное) Христианство и взаимоотношения с Золотой Ордой в XIII -XV в.в.

Первая детерминанта включает в себя несколько составных:

1. Огромность территории русских – российских государств: Новгородская Русь, Киевская Русь, Северо-Восточная Русь, Московское княжество, государство, царство и, наконец, Российская империя, СССР, РФ.

2. Слаборазвитые коммуникации всех видов и проявлений (особенно в IX-первой половине XIX в.в.).

3. Малое количество городов (средоточий и средостений власти и управленцев).

4. Низкая скорость прохождение информации (в XVIII в. от 30 до 50 верст (32-53 км) в сутки).

5. Разорванность заселенных и освоенных пространств.

6. Недостаточная законодательная (писаная) база по управлению государством.

Эти и ряд других пространственных факторов наложили на российскую государственную службу определенные черты: сокральность власти; произвол госслужащих в трактовании применения законов (в конкретных месте, случае, времени); кормление государевых слуг за счет местного населения; слабая контролируемость деятельности чиновников на местах со стороны Центра. Все это неоднократно ставило государственность и государственную службу в кризисное положение.

С пространственно-территориальным фактором связаны и крепостные отношения, которые прямо (в одну историческую эпоху – положительно, в другую отрицательно) влияли на государственную службу в Руси – России. Заметим, что расхожее мнение о том, что крепостное право распространялось лишь на отношениях землевладельца и крепостного крестьянина – историческое заблуждение.

Активное развитие российская государственная служба получила в период образования Московского централизованного государства (с XIV по XVI века). Создание централизованного государственного аппарата совершенно новой структуры власти в Московском государстве вызвало к жизни новую государственность. Основой такой государственности стала система поместных отношений, при которой категория служивых людей (дворян) получила за свою службу, как военную, так и гражданскую, земельный надел на прокорм. Надел давался на срок службы. Это прямо указывает на то, что дворянское сословие изначально создавалось как социум прикрепленный (крепкий, крепостной) к государственной службе.

В этой связи складывается иерархия придворных чинов, даваемых за службу: окольничий, дворецкий, казначей, думный дворянин, думный дьяк.

Правовой крепостной статус дворянства был существенно усугублен принятием Указа о единонаследии 1714 года, который закреплял наследование поместья только за старшим сыном. Остальные дети обязаны были идти на военную или гражданскую службу за жалование. Логическим продолжением Указа о единонаследии стала Табель о рангах (1722 г.) Профессиональные качества, личная преданность (т.е. «служба государю и государству») и выслуга становятся определяющими критериями продвижения по службе. Табель сформулировала новую систему чинов и должностей. Устанавливались сроки службы в определенных чинах. С достижением чина восьмого класса чиновнику присваивалось звание потомственного дворянина, с передачей этого звания по наследству.

Таким образом, принцип выслуги изживал принцип родовитости. В этом выражалась привлекательность крепостного состояния служилого дворянства петровской эпохи. Была у этого состояния российского дворянства и менее достойная сторона – запрет молодому дворянину (недоросль) вступать в брак. Император Петр I полагал – прежде образование и подготовка к государственной службе, а потом продолжение рода и семейный очаг. В этом прослеживается положительный аспект тоталитарного процесса формирования новой, европеизированной генерации госслужащих в России. Вскользь заметим, подобные методы применял Отто фон Бисмарк в период своей «культурен кампф» в Германии (1870-е – 1890-е г.г.) для достижения таких же целей.

Полувековое (18.02.1762 г. Указ «О вольности дворянской» отменил необходимость службы) служилое крепостное состояние российского дворянства оформило «социальный резервуар», из которого далее (до октября 1917 г.) черпались основные кадры госслужащих.

Для этой, основной, категории госслужащих целью службы было - служение первому (единственному) лицу и старания о положении и образе Российского государства на международной арене. Такие цели как - служение обществу, народу, личности официально в России не провозглашались и в массовом порядке не реализовывались до 60-х-70-х г.г. XIX века.

Переход русской государственности от позднего варварства к ранней цивилизации посредством крещения в Восточное Христианство – исторически значимый процесс. Его формирующее воздействие на систему и традиции российской государственной службы наиболее проявляются в привитии патернализма и провиденциализма Русской Православной Церковью (РПЦ) всей ее пастве.

Патернализм (от лат. патер- отец) понимается нами как составная часть мировоззрения, прививаемого РПЦ своей пастве, суть которой состоит в том, что власти предержащие - есть родители, а подданные их единоутробные дети. Следовательно, отношения между ними строятся по Четвертой Библейской Заповеди – почитай родителей своих. Отсюда девиз Власти (Царь - Батюшка, Императрица - матушка, Отцы – Командиры…) - дети глупы и счастья своего не разумеют, а значит, их через насилие следует вести к известному Власти счастью. Позже дети поймут и возблагодарят. Подобная линия мировоззрения ведет к некоторым негативным результатам: безынициативность, политические и иные управленческие начала сверху-вниз, насилие как обязательный инструмент управления.

Провиденциализм (от лат. провидение – воля Господня) понимается нами как составная часть мировоззрения, прививаемого РПЦ своей пастве, суть которой в том, что «… нет власти аще от Бога…» и Государь, Царь, Император, Вождь – его Наместник на Земле. В этой позиции отношения строятся по

Канонам: Верую и Основной грех – нарушение Божественных канонов. Подобная мировоззренческая позиция так же вызывает управленческий негатив. Прежде всего – сакрализация Власти, что не способствует гармонизации отношений между Народом и Властью в процессе управления с целью достижения положительных результатов в различных областях государственной, общественной жизни и жизни личности.

Батыево нашествие 1237-1240 г.г. и 250-летняя зависимость Руси от Золотой Орды привнесли в отечественную госслужбу элементы деспотизма – ничем не ограниченной власти Высшего властного лица и рабского подчинения всех остальных подданных. Иллюстрацией этому может служить летописный эпизод из заседания Боярской Думы Московского Великого Князя и Государя Всея Руси Ивана III (конец XV в.). Летопись фиксирует – Иван III в гневе публично бросает в лицо одному из Рюриковичей: «Пшел вон, раб, не надобен!..», и тот испуганно съежившись «выбредает вон».

Анализ методов, посредством которых Москва поднялась над остальными русскими княжествами и объединила русские земли вокруг себя, также иллюстрирует деспотические начала российской государственной службы. Н.М. Карамзин, С.М. Соловьев, Н.И. Костомаров, В.О. Ключевский согласно заявляют о таких методах объединения и возвеличения: берет мечем, покупает, берет за долги, обретает через приданное за княжнами из других княжеских домов, мелкие княжества добровольно присоединяются и (основной) все это разрешается Москве Золотой Ордой «через заискивания в Орде». Современная научно-историческая и правовая терминология позволяет квалифицировать суть того (XIV – нач. XV в.в.) «заискивания» - покупка благосклонности Золотой Орды через поголовное взяткодательство. В этом историческом эпизоде взятка играла позитивную, созидательную роль в управлении делом объединения русских земель вокруг Москвы и борьбы за суверенитет Московской Руси от Золотой Орды.

К концу XV в. (окончание правления Ивана III) завершается период поиска и накопления практических знаний о государственной службе в Московской

Руси, и эти практические знания оформляются институционально, социально, в правовом отношении – Первым (Государевым) Московским судебником 1497 г. - Боярской Думе и через оформление дворянства в основное служилое Государю сословие.

Наступает исторический период теоретического формирования представления о государственной службе в Российском государстве и обществе. Для перспектив и тенденций этого периода имеют определяющее значение те основы, которые стали фундаментом государственной службы в Руси-России в период IX-XV в.в. Основные составные части этого фундамента: физическая огромность пространства государства, на котором проходит государственная служба; крепостнический характер государственной службы; патернализм и провиденциализм как основа служебных отношений; деспотизм, взяточничество, милитаризм.

На подобном «азиопском» (В.С. Соловьев) фундаменте государственной службы вырос соответствующий ему институт российской государственной службы. Общая тенденция его развития - европеизация «сверху вниз», рост правового обеспечения государственной службы, подъем образовательного, культурного и интеллектуального состояния государственной службы – все это и многое другое на означенном выше фундаменте.

В середине XVIII в. российская государственная служба начинает подпитываться идеями просвещенного абсолютизма (Ф. Вольтер, Д. Дидро, К. Гольбах) – уничтожение «сверху» некоторых изживших себя идей и институтов государственной службы и актуализация государственной службы в Российской Империи по европейскому образу.

Носители Высшей власти Елизавета Петровна, Петр III, Екатерина II. Павел I и Александр I ставят перед собой задачи: обеспечение роста образования госслужащих и создания современных юридических основ государственной службы, которые точно и четко регламентировали бы деятельности чиновничества, что позволяло бы избегать различного трактования законов, самоуправства и мздоимства на государственной службе.

Важнейшими актами в этом процессе стали Манифест Петра III «О даровании вольности и свободы всему российскому дворянству» (1762 г.) и Жалованная грамота дворянству самой Екатерины II (1785 г.). Ими дворянство освобождалось от обязательной военной и гражданской службы. Таким образом, после Петра I происходит постепенное ослабление, а затем отмена обязательности государственной службы для основного служивого сословия – дворянства, она стала их привилегией.

Новое развитие получила государственная служба в первой половине 19 века. Император Александр I , проводя в 1802-1819 г.г. университетскую реформу, своим Указом провозгласил, что выпускники университетов, окончившие курс с оценкой «удовлетворительно» принимаются в государственную службу по 11 даже по 9 классу, минуя три и даже пять нижних классов. Это подчеркивает то значение, которое при Александре I придается образованию госслужащего и цивилизации российской государственной службы на европейский (Английский) манер. Ее развитие связано с именем выдающегося государственного деятеля России Михаила Михайловича Сперанского. В 1809 году он подготавливает указ «Об обязательном экзамене для занятия государственной должности». Устанавливался образовательный ценз, обязательное высшее университетское образование для замещения ряда должностей. И хотя этот указ под давлением «фамусовых и скалозубовых» не прошел, тем не менее, он провозглашал новые принципы государственной службы, которые позже нашли применение. Основные идеи указов Николая I в области государственной службы – четкое исполнение должностных регламентов - перекликались с идеями М.М. Сперанского. Специальное и высшее (для высшего чиновничества) образование, от которого напрямую зависит повышение в чинах.

В 1832 году принят «Устав о службе гражданской», в 1834 году «Правила о порядке производства в чины гражданской службы». В течение XIX века утвердились ряд положений, характеризующих государственную службу. Это запрет близких родственных связей по службе, ведение чиновником определенного образа жизни, который не должен был подрывать авторитет и достоинство государственной власти, запрет определенных занятий, содержание в зависимости от чина и должности включающее жалование, столовые и квартирные деньги, деньги на дрова, право на пособие и пенсию при выходе в отставку. Гарантировалась усиленная охрана государственных служащих от уголовных преступлений при исполнении обязанностей государственной службы, устанавливался особый порядок предания суду самих государственных чиновников.

Государственные служащие империи имели установленную форменную одежду, на каждого велся обязательный послужной (формулярный) список, увольнение госслужащих производилось по прошению, по инициативе начальства или по решению суда.

Либеральные преобразования в Российской империи 60-х – 70-х г.г. XIX в. внесли решительные изменения в идею, принципы, и институты государственной службы. Эти обновления коснулись системы образования, цензуры, суда, государственного контроля, армии, земского и губернского самоуправления, церкви, финансов.

Главной задачей, которую удавалось успешно решать в тот период, было управленческое обслуживание Крестьянской реформы.

Российская государственная служба в рамках Земской и Городской реформы поднялась на более высокий уровень. По схеме «сверху - вниз» делегировалась часть власти из вертикали во вновь созданную горизонталь местного самоуправления.

Высшим пунктом модернизации государственной службы в Российской империи при Александре II должно было стать дарование Конституции, но возможность не стала реальностью.

Александр III Миротворец контрреформами в политической сфере жизни Российской империи, а, следовательно, и в государственной службе, эффективно преодолел следствия, но не причины государственного и социального кризиса в Империи.

Последнее царствование (Николай II), в процессе уяснения традиций государственной службы, следует воспринимать как ответ на вопрос «Чего не делать?» во многих отраслях государственной и общественной жизни России, в том числе и в государственной службе. Субъективно в государственном аппарате и земствах в период правления Николая II сложилась благоприятная обстановка. Это выражалось в уровне культуры государственных служащих, их образовании, преданности Родине, стремлении результативно исполнять служебный долг. Особое значение для качества и перспектив Российской государственной службы имели персоны высших государственных и земских служащих И.А. Вышнеградского, С.Ю. Витте, П.А. Столыпина, В.Н. Коковцева, А.И. Гучкова и др.

Горнило Русско-японской войны (1904-1905 г.г.) и Первой Русской революции (1905-1907 г.г.) «выплавило» Манифест 17.10.1905 «Об усовершенствовании государственного порядка» - Первую действовавшую Конституцию Российской империи. Манифест декларировал новый, либерально-демократический конституционно-самодержавный строй, а, следовательно, новую систему государственной службы.

Для характеристики той государственно-политической ситуации определяющее значение имела фигура Государя Императора Николая II. Основная же характеристика Императора Николая II – не был государственником. Он был образованным, культурным, мягким человеком, семьянином, любил детей, любил жену, имел прекрасные манеры…, но перспектив и динамики государственной службы не понимал, Манифеста 17 октября глубоко не принял. Такая сущность и позиция Императора свела к нулю усилия С.Ю. Витте, П.А. Столыпина и др. и привела империю к революционным потрясениям. В ходе событий февраля – марта и октября 1917 г. государственная служба как институт и государственное управление как продукт этого института были ликвидированы «до основанья…». В советской России всякое законодательство временного и царского правительства было отменено. Прежде всего, это было связано с идеями быстрого отмирания всякого государства, слома старого государственного аппарата и упразднения всякого чиновничества. В РСФСР и СССР так и не было принято специального закона о государственной службе, детально регулировалась лишь служба в армии и органах НКВД, КГБ и МВД. Служба в государственных органах регулировалась несколькими подзаконными актами. Рядом указов вводились чины и ранги в некоторых отраслях государственной службы, декретом СНК РСФСР в 1922 году были приняты «Временные правила о работе в государственных учреждениях и на предприятиях».

В материалах 21 съезда КПСС (октябрь 1961 г.) констатировалось, что работа в аппарате вообще перестала быть особой прерогативой. Правда, в 1967 году Госкомтруда утвердил Единую номенклатуру должностей служащих и ряд других актов, и лишь в конце 80-х годов была признана необходимость принятия союзного Закона о государственной службе.

Следовательно, можно утверждать, что «развитие» теоретической, институциональной, правовой базы государственной службы в Советском государстве новаций не создавало. Во многом государственная служба и государственное управление в РСФСР – СССР были экстраполяцией достижений и недостатков предшествующих периодов российского государственной службы.

Декларация от 8.12.1991 г. о выходе из состава СССР – РСФСР, УССР, БССР, сняла вопрос об узаконении государственной службы в СССР.

Суверенная РСФСР – РФ среди унаследованных проблем «получила» - отсутствие правовой базы государственной службы. Конституция 12 декабря 1993 г. сформулировала некоторые общие основы государственной службы в новой России. Особо значимы на наш взгляд такие принципы: 1 - РФ социальное государство; 2 - Основная ценность государства в РФ - человек. Эти основополагающие начала необходимо было материализовать в законе о государственной службе, что позволило бы начать процесс создания современных субъектов государственной службы и упорядоченных отношений в системе государственной службы. Реализация этой государственно-политической, правовой и институциональной новации должна превращать РФ в социальное государство, которое оказывает эффективные управленческие услуги обществу и личности в направлении либерализации, повышения уровня благосостояния и защиты прав личности и социумов.

В июле 1995 г. вступил в силу закон № 119-ФЗ «Об основах государственной службы Российской Федерации». Этот закон заполнял правовой вакуум государственной службы в РФ, но носил явно временный характер. Такая правовая коллизия давала возможность практической апробации закона о государственной службе и его последующей коррекции по результатам соприкосновения с государственной и социальной действительностью.

В июле 2004 г. вступил в силу ныне действующий закон №79-ФЗ «О государственной гражданской службе Российской Федерации». Этот закон, на который общество возлагает большие надежды по гуманизации, правовой регуляции, систематизации государственной службы и повышению ее позитивной результативности, к сожалению, начинается с пресловутой анонимности. Анонимность законотворчества при философском рассмотрении ведет к сакрализации власти. Таинственность и «неотмирность» власти - атрибуты, которые разрывают политическое целое «народ – власть», не способствуют популяризации процесса и результатов законотворчества. Все это ведет к снижению эффективности действия Закона.

Анонимность законотворчества в повседневном ракурсе воспринимается обществом как указание на то, что данный закон – есть деяние, которое неприлично персонифицировать. Прямым следствием обыденного взгляда гражданина на анонимность закона №79-ФЗ «О государственной гражданской службе Российской Федерации» может быть сознательное двойное отчуждение: а) от законотворчества, б) от реализации Закона. Подобное состояние не соответствует ряду положений Конституции Российской Федерации о социальной сущности государства РФ, о человеке как основной ценности в РФ.

Вышеприведенное положение не позволяет полностью выявиться ценности этого Федерального Закона, но не уничтожает ее.

Общие положения закона провозглашают гуманные принципы гражданской государственной службы: приоритет прав и свобод человека и гражданина, равный доступ граждан, владеющих русским языком, к гражданской службе и равные условия ее прохождения. Основным критерием служебного роста настоящий закон устанавливает профессионализм и компетентность гражданских государственных служащих. Рациональной, на наш взгляд, является защита законом государственных служащих от неправомерного вмешательства в их профессиональную служебную деятельность. Эта позиция гарантирует государственной службе автономность, а, следовательно, необходимые условия для продуктивной деятельности.

Положительным аспектом Закона «О государственной гражданской службе Российской Федерации» является четкое позиционирование – взаимосвязь гражданской государственной службы и муниципальной службы. При этом два эти вида службы сближаются и идентифицируются.

Государственная служба осуществляется на государственных должностях и закон №79-ФЗ четко регламентирует эту позицию и классифицирует должности. Должность необходимый элемент государственной службы, первичная ячейка аппарата, предусмотренная для одного работника в распорядительном порядке. Законом определяется ее название, место в служебной иерархии (то есть определение того, кому подчинена должность, кто ей подчинен), порядок замещения, кем включается в штатное расписание и единую номенклатуру должностей. Таким образом, должность является формализованной социальной позицией, она имеет основное значение в правовом статусе государственного служащего. Должность характеризует организационный статус, то есть круг полномочий (прав и обязанностей), основные формы их осуществления, ответственность за их исполнение. Или, как определяет закон о государственной службе, государственная должность – должность в федеральных органах государственной власти, органах государственной власти в субъектах России, в иных государственных органах, образуемых в соответствии с Конституцией РФ, с установленными кругом обязанностей по исполнению и обеспечению полномочий данного государственного органа, денежным содержание и ответственностью за исполнение этих обязанностей.

Государственная служба по закону №79-ФЗ имеет и процессуальный аспект, который включает в себя порядок поступления на службу, прохождение ее (то есть продвижение по должности, получение соответствующих квалификационных разрядов), увольнение со службы.

Правовой статус государственного служащего обеспечивается актом о назначении, служебным контрактом и получением денежного содержания за счет средств Федерального бюджета.

Подробно прописаны в Законе №79-ФЗ права государственного служащего, что обеспечивает ему возможность свободно реализовывать свой должностной регламент. Правовой акт увязывает права госслужащего с его обязанностями, обязанности с ограничениями.

Часть 2 статьи 17 настоящего Федерального Закона является существенным достижением, она де-юре признает за лицом, замещающим должность государственного служащего, право «владеть ценными бумагами, акциями (долями участия в уставных капиталах организации)». Одновременно данный закон фиксирует, что в ситуации, когда «может возникнуть конфликт интересов», лицо, замещающее должность государственной службы, обязано передать эти ценные бумаги, акции (доли участия в уставных капиталах организации) в доверительное управление организации, уполномоченной государством управлять этими ценными бумагами и акциями.

При общем положительном подходе к легализации проблемы владения лицами, замещающими должности государственной службы собственностью, настоящий Федеральный Закон (Ч.2, ст.17) оставляет возможность выбора у чиновника формулировать или не формулировать проблему как конфликт интересов. Обязанность «передать в управление» носит характер пожелания, не имеет четкой правовой оформленности. В пункте 2 статьи 17 настоящего Федерального Закона есть условие, что этот пункт вступает в силу «после определения организации, уполномоченной государством осуществлять доверительное управление» - это может оформлять правовые пустоты во времени и давать возможность государственному служащему управлять собственностью на грани и или в пределах конфликта интересов. Из этого положения может брать начало процесс сращивания государственной службы с капиталом и формироваться «старый, добрый» продукт сращения государства с капиталом – государственный капитализм. Подобная перспектива может привести к «опрокидыванию» целей государственной службы – служение народу, обществу и политической системе.

Отметим, что закон «О государственной гражданской службе Российской Федерации» достаточно полно регламентирует защиту персонала государственной службы.

Долгое время в советском, а в дальнейшем и российском общественном сознании существует понятие «защита профессиональных интересов работников». По большому счету это контроль за соблюдением трудового законодательства, а, вернее, той его части, которая регламентирует трудовые отношения между работником и работодателем. Защита профессиональных интересов государственных служащих регламентирована Федеральным законом РФ «О государственной гражданской службе Российской Федерации».

Достаточна ли степень предусмотренной положениями, изложенными в данном законе, защиты государственных служащих в условиях бурно развивающихся политических событий XXI века? Анализ статей настоящего закона, позволяет ответить на этот вопрос положительно - каждому работнику гарантирована защита его интересов в рамках трудового законодательства, при этом учитывается уровень профессионального мастерства, профессиональной подготовки работника. Государственная служба, пожалуй, единственная сфера деятельности, где предусмотрена не только защита профессиональных интересов работника, но и «профессиональная защита кадров» государственной службы.

Это особенно важно в условиях, когда государственное управление находится в «буксующей» ситуации, а кадры государственных служащих, не смотря на наличие нормативного регулирования, не защищены в достаточной мере от влияния и воздействия политических и иных как непредвиденных, так и прогнозируемых ситуаций.

Под профессиональной защитой персонала понимается:

• преимущественное право на труд работника с наиболее высоким уровнем квалификации по избранной специальности;

• право работника на достижение самой высокой квалификации в избранной сфере деятельности в государственной службе, право на получение им помощи и содействия со стороны государства, органов власти, непосредственных руководителей;

• высокий профессионализм конкретного работника, гарантирующий ему высокий уровень благосостояния и соответствующий статус.

Закон №79-ФЗ вводит правовые нормы, которые свидетельствуют, что защита профессиональных интересов государственного служащего осуществляется самим государством и профсоюзами госслужащих.

Процесс защиты профессиональных интересов государственных служащих опирается на социальные нормы. Обратимся к понятию социальная норма. Под социальной нормой в общем смысле следует понимать требования, предписания, пожелания и ожидания соответственного поведения. Из этого видно, что социальные нормы реализуются в социальных взаимодействиях, в том числе и государственными служащими.

Несомненно, что социальные взаимодействия, которые реально проявились бы в профессиональной защите персонала государственной службы, недостаточно развиты в российском обществе. Само проявление устойчивых социальных отношений становится возможным благодаря упорядоченности их отдельных категорий, т.е. наличию социальных норм, отражающих основные требования, необходимые для любых форм человеческого общежития, и наличию институтов, реализующих эти нормы.

Отметим, что социальные нормы имеют институциональный характер, что придает им весьма важное в социальном смысле свойство: они относительно стабильны, постоянны. Для осуществления государственной службы и управления имеют базовое значение.

Незавершенность формирования государственной службы РФ в качестве социального института препятствует осуществлению регулирующей функции, которая связана с наличием в рамках соответствующего социального института целостной системы стандартов поведения, обязательных для его функционирования. Поэтому в государственной службе и не проявляются признаки социального института как набора целесообразно ориентированных стандартов поведения конкретных лиц в типичных ситуациях (стандарты есть, но применяются избирательно). Профессиональная защита кадров государственной службы должна рассматриваться как один из подобного рода стандартов.

Государственная служба в качестве социального института способная оказывать членам общества управленческие услуги и удовлетворять их потребности, стабилизировать социальные отношения, внести согласованность и интегрировать в их действия, обеспечить деятельность персонала в рамках цивилизованного государственного управления.

Существование социальных норм, свободных от социальных, политических целей и организаций, невозможно. Взаимодействие между предписываемой формой и достигаемым результатом действия социальных норм может быть предоставлено в виде нескольких вариантов. В современной России действует тот из них, когда реальный результат достигается, но его достижение связано с игнорированием либо прямым нарушением институциональных норм и запретов. Это выражается через проявление в российской системе государственной службы элементов неформальной («теневой») социальной девиации. В качестве таковых можно рассматривать коррумпированность чиновников, злоупотребление служебным положением, проявлением других патологий. К проявлениям социальной девиации может быть отнесено и отсутствие уверенности большинства государственных служащих в стабильности и перспективности своей работы, что формирует у них идеологию «временщиков» и подталкивает к максимальному использованию того положения, которое имеется в настоящий момент. Закон №79-РФ предусматривает эффективную регуляцию государственной службы в направлении преодоления этих девиаций. Тем не менее, вековые негативные традиции требуют исторического времени для решения проблемы социальных девиаций в государственной службе. С этой целью создана и функционирует система обучения, профессиональной переподготовки и повышения квалификации государственных служащих в РФ.

Так с 1994 года в Российской федерации действует Российская академия государственной службы при Президенте Российской Федерации (РАГС). Она призвана выполнять функции учебно-методического, научного и информационно-аналитического центра по проблемам государственной службы в Российской Федерации, а также управления системой переподготовки и повышения квалификации государственных служащих. В соответствии с распоряжением Президента Российской Федерации №197-рп от 26 апреля 1995 года региональные кадровые центры, подведомственные РАГС, преобразованы в академии государственной службы с сохранением за ними статуса образовательных учреждений высшего профессионального образования. Их учредительство возложено на РАГС. Таким образом, была оформлена система профессиональной подготовки и переподготовки государственных служащих. В соответствии с уставом РАГС набор слушателей осуществляется как на бюджетной (по направлениям органов государственного управления субъектов Федерации), так и на коммерческой основе. Такие же правила приема установлены и для региональных академий. Предусмотрена и научная подготовка кадров государственных служащих (очная и заочная аспирантуры, докторантура, соискательство). Если с заочными формами обучения в

Академии (в том числе в аспирантуре и докторантуре), а вернее с последующим трудоустройством выпускников, проблем практически нет, то слушатели, аспиранты и докторанты очной формы обучения совершенно не защищены действующим законодательством. Парадокс заключается в том, что, несмотря на официальное направление государственных служащих на учебу в РАГС, выдаваемое структурами государственной власти регионов, очная форма обучения, в соответствии с Трудовым законодательством, предусматривает увольнение работника в связи с поступлением в учебное заведение по очной форме обучения. Кроме того, в соответствии с Федеральным Законом РФ «О высшем и послевузовском профессиональном образовании» от 22 августа 1996 г. №125-ФЗ, государственные служащие, поступившие в очную аспирантуру и докторантуру, переходят в разряд научных и научно-педагогических кадров в системе послевузовского профессионального образования. Вследствие этого государственный служащий (заметим, направленный в РАГС для обучения в аспирантуре и докторантуре органами государственной власти):

- утрачивает статус государственного служащего;
- теряет законодательно подтвержденную возможность вернуться месту прежней работы;
- лишается гарантий трудоустройства в органы государственного управления после защиты диссертации;
- теряет непрерывный стаж государственной службы и льготы по оплате труда.

Подобная позиция есть контрстимуляция классического академического образования. Шагом к исправлению данной ситуации можно считать Указ президента РФ от 3 сентября 1997 г. №982, который предусматривает включение в стаж государственной службы (п.1) «времени обучения государственных служащих в учебных заведениях с отрывом от работы (службы) в связи с направлением соответствующим государственным органом для получения дополнительного образования, повышения квалификации или переподготовки». Но понятие «послевузовское профессиональное образование» и понятие «дополнительное профессиональное образование» в правовом порядке не рассматриваются как идентичные в рамках закона №79-ФЗ.

Таким образом, правовая «расплывчатость» подготовки государственных служащих, в частности, по очной форме, препятствует использованию знаний, умений и навыков выпускников РАГС в системе государственной службы. Парадокс заключается в том, что реальна ситуация, при которой направленные органами государственной власти на учебу государственные служащие оказываются невостребованными той структурой, которая их направила. Подчеркнем, что на их подготовку затрачиваются существенные бюджетные средства, на процесс подготовки возлагаются надежды.

Подобное положение - неудовлетворительно. Нам видится два возможных варианта разрешения этой ситуации. Первый, наиболее легкий, - не использовать при подготовке государственных служащих очные формы обучения, в том числе аспирантуру и докторантуру. Избрание подобного пути чревато разрушением РАГС и региональных академий, утратой ими функций высших учебных заведений и превращением в заурядные курсы переподготовки или повышения квалификации. Это может привести к нарушению и разрушению существующей на достаточно высоком уровне научной базы подготовки государственных служащих и уронит качество и практику государственной службы.

Второй путь - более сложный и требующий при реализации политической воли. Суть его в том, что необходимо нормативно отрегулировать процесс подготовки государственных служащих, прежде всего, с точки зрения рационального использования затрачиваемых бюджетных средств. В связи с этим следует все действующие многочисленные нормативные документы, регламентирующие подготовку государственных служащих привести в соответствие с законом «О государственной гражданской службе РФ». Именно в этом направлении должна быть ориентирована государственная кадровая доктрина России, основанная на приоритетах федеральной и региональной кадровой политики в системе государственной службы. Оформление государственной кадровой доктрины способствовало бы и решению еще одной, очень значимой для дальнейшей судьбы России, проблемы – проведению «чистых» выборов в органы государственной власти или предотвращению негативных последствий для страны выборов с использованием «темных» технологий. В конце концов, при цивилизованном управлении государством, не зависимо от того, какие технологии использовались во время выборов, стабилизирующим фактором на этом фоне может быть четко организованная система государственной службы. Именно в этом – одна из причин ее необходимости.

Стабильность системы государственной службы является гордостью западных демократий. Политические кризисы власти (утверждает опыт зарубежной государственной службы) не должны влиять на процесс управления страной.

В России происходит все с точностью до наоборот. Августовские 1991-го, октябрьские 1993-го, да и события 1998 года продемонстрировали паралич власти в период политических бурь.   Общеизвестно, что болезнь лучше предотвращать, чем лечить. И роль эффективного лекарства может исполнять стабильно функционирующая, не подвластная политическим бурям, четко организованная система государственной службы. Эту роль данная система может выполнить только в рамках социального института.

Институционализация государственной службы, как процесс формирования типа ее деятельности в качестве социального института, далека от завершения. В «зародышевой» стадии находятся предпосылки этого процесса:

• нет четкой и ясной формулировки общественных потребностей в новых типах деятельности государственной службы и соответствующих им социально-экономических и политических условий;

• необходимые организационные структуры и связанные с ними социальные нормы и регуляторы проведения находятся в стадии становления;

• не произошло усвоение понятия социальная норма – принятие индивидами (руководителями органов государственной власти, персоналом государственной службы, населением) новых социальных норм и ценностей, связанных с государственной службой и объективно проявляющихся в современном российском обществе;

• не сформирована система взаимосвязи потребностей личности и государства, не проявились новые ценностные ориентиры, не оправдались ожидания, связанные с переменами в обществе.

Это позволяет сделать вывод - интеграция государственной службы в качестве нового вида деятельности в созданную структуру политических и производственно-экономических отношений не завершена. Поэтому не сформирован определенный набор формальных и неформальных критериев, с помощью которых должна объективно оцениваться деятельность государственных служащих различного уровня и осуществляться контроль общества за соответствующими нормами поведения.

Из вышеизложенного следует, что:

1. Государственная служба должна обрести статус социального института. В его рамках возможна профессиональная защита кадров государственной службы как норма государственно-общественного регулирования их деятельности, как норма регулирования взаимоотношений с обществом.

2. В рамках социального института могут быть созданы оптимальные условия для функционирования системы государственной службы.

3. Необходима активизация деятельности политических, социально-экономических, правовых и организационных структур, претендующих на представление интересов персонала государственной службы в рамках ее оформления как социального института современного российского общества.

4. Государство должно способствовать институционализации государственной службы и всеми имеющимися средствами ускорять этот процесс.

5. Институционализация государственной службы может способствовать выходу ее из затяжного кризиса, переходу от социально девиантных форм развития и функционирования к нормальным социальным нормам.

Таким образом, налицо проявление кризисной ситуации в процессе становления государственной службы в современной России. По мнению экспертов, кризис больше всего и, прежде всего, с точки зрения общества, проявляется в таких раздражающих общественное сознание явлениях, как коррумпированность чиновников, их злоупотребление служебным положением, отсутствии «прозрачности власти», других бюропатологиях. Очевиден и продолжающийся «разрыв» между населением и органами государственной и муниципальной власти. Кризис государственной службы, с точки зрения самих управленцев, выглядит как нестабильность аппарата управления, связанная с частой его реорганизацией и произволом в кадровой политике (работники подбираются «под команду», прежде всего, на основе келейности, чинопоклонства, протекционизм, возврата «долгов» за помощь в победе на выборах и личной преданности). Кроме того, текучесть кадров, зачастую авторитарный стиль управления, стремление многих ответственных работников не столько продуктивно трудиться, сколько имитировать деятельность, в значительной степени способствуют усугублению кризиса.

Заметим, что в условиях того государственного строительства, которое осуществляется в современной России, неизбежны существенные издержки. Идеологизация общества, а вместе с ней и идеологизация управленческих кадров, присутствующая в течение многих веков, оформили глубокий «канал», в фарватере которого, в силу значительной инерции, продолжается государственная служба – фактор, усугубляющий многие издержки. Преодоление прежних стереотипов – вот основная проблема, возникшая в процессе формирования современной системы государственной службы.

Думается, что для ее решения необходима смена поколений государственных служащих, т. е. историческое время.

Государственная служба тесно связана с государством – это его образ. Из этого следует, что она - многозначительный вид трудовой деятельности, которую осуществляют люди (государственные служащие). Эта деятельность реализуется профессионально и призвана обеспечить исполнение полномочий возложенных на государственные органы.

Государственная служба в России имеет богатую историю своего становления и развития. Вехами этого процесса являются становление Московского государства в XIV -XVI веках, образование Российской империи в XVIII веке, дальнейшее совершенствование в течение XIX - XX веков. В Советский период государственная служба, как правовой институт продолжала существовать, однако его научному развитию уделялось недостаточное внимание.

Изменения в нашем обществе заставили вернуться к рациональному пониманию государственной службы.

Задачи Российской государственной службы в 21 веке - гармонизация отношений в «треугольнике» - личность, общество, государство – требуют нового исполнителя государственно-служебных функций. Новая генерация государственных служащих призвана активно фиксировать необратимость гуманистических, либеральных обретений, роста благосостояния и степени единения социумов и институтов РФ. Она должна обеспечивать устойчивость общества и государства по отношению к потрясениям и вызовам нашего века.

Lightning Source UK Ltd.
Milton Keynes UK
UKHW010636220321
380773UK00001B/141